Heinrich Graetz, Augustin Theiner

Frank und die Frankisten

Heinrich Graetz, Augustin Theiner

Frank und die Frankisten

ISBN/EAN: 9783743389045

Hergestellt in Europa, USA, Kanada, Australien, Japan

Cover: Foto ©ninafisch / pixelio.de

Manufactured and distributed by brebook publishing software (www.brebook.com)

Heinrich Graetz, Augustin Theiner

Frank und die Frankisten

Frank und die Frankisten.

Eine Sekten-Geschichte

aus

der letzten Hälfte des vorigen Jahrhunderts

von

Dr. H. Graetz.

Breslau. 1868.
Verlag der Schletter'schen Buchhandlung (H. Skutsch).

Druck von Grass, Barth und Comp. (W. Friedrich).

Es ist kein angenehmes Geschäft, Leichen auszugraben, sie ihres Todtenkranzes zu berauben und sie noch dazu der Schändung preisszugeben. Aber die Geschichtsforschung darf sich zuweilen dieser Impietät nicht entziehen, will sie nicht allzu optimistisch eine Lobrednerin der vergangenen Zeit werden. Für Lessingische „Rettungen" bietet die Gallerie der Geschichte überhaupt weit weniger Stoff als für Dante'sche „Verdammnisse". Diese Impietät wird für den Historiker dringende Pflicht, wenn eine Persönlichkeit, welche in die Geschichte eingegriffen hat, beim Leben officiell auf Grund erwiesener Thatsachen wegen gemeiner Schwindeleien und Verworfenheit gebrandmarkt wurde und doch nach dem Tode gewissermaassen kanonisirt oder — was noch mehr bedeutet und ehrenvoller ist — in den Himmel der Romantik versetzt wird. Gerade an den Grenzgebieten der Religion, wo auch unschuldige Schwärmerei so leicht in gefährliche Verirrungen gerathen kann, ist es eine Gewissenssache für die historische Kritik, der posthumen Apotheose mit aller Energie entgegenzutreten und die Aureole vom Haupte des Schwindlers zu reissen, um das Schelmengesicht hervortreten zu lassen. Sie darf die Heiligsprechung eines Gauklers, so weit es in ihrer Macht steht, nicht um sich greifen lassen.

Diese Pflicht will ich gegen einen vor etwa 80 Jahren Verstorbenen schonungslos üben, der bei seinem Leben von jüdischer und katholischer Seite als gefährlicher Betrüger verurtheilt worden ist und doch in ganz jüngster Zeit von mehreren Seiten als ein Roman-Held verklärt wurde. Jakob Frank, dessen Gemeinheiten und

Schwindeleien aktenmässig verzeichnet sind, wurde nämlich in der so sehr verbreiteten „Gartenlaube" im Jahre 1865 (No. 33, 34) unter dem Namen „Der heilige Herr" förmlich glorificirt. „Des Rabbi Vermächtniss", ein originell angelegter Roman von August Becker, verherrlicht Frank und seine Anhänger als Ideale gesinnungshoher Sittlichkeit, welche unter mysteriösen Formen und durch Geheimschriften in humanitärem Streben nur auf das Wohl der Menschheit bedacht seien und im Geheimen gewissermaassen die Vorsehung spielen. Eine monographische Schrift: „Die Polen in Offenbach" von Schenck-Rinck (Frankf. a. M. 1866) ist ebenfalls eine Apologie für Frank oder v. Frank, um auch den Schatten sektirerischer Geheimthuerei von ihm zu entfernen. Diese Schrift hüllt ihn und seine Umgebung, besonders seine Tochter Eva, in das Halbdunkel politischer Romantik. Herr Schenck-Rinck flüstert uns leise zu, wer Frank eigentlich gewesen sei, nichts weniger als der angeblich ermordete russische Kaiser Peter III. Das schöne Fräulein in seiner Umgebung, das, wie eine Fee, stets in golddurchwirkten Schleier gehüllt, die Armen in ihrer Nähe glücklich machte, sei eine russische Grossfürstin, eine Romanowna, wahrscheinlich eine natürliche Tochter der Kaiserin Elisabeth, gewesen. (Theilweise auch abgedruckt in der „Gartenlaube" 1866 S. 354 fg.) Aeltere feuilletonistische oder novellistische Illustrationen von Frank's Biographie giebt es mehrere. Die Schriftsteller der jüngsten Zeit, welche den verschollenen „heiligen Herrn" von Offenbach dem gegenwärtigem Geschlechte in romantischem Schimmer wieder in Erinnerung bringen, hatten keine Ahnung davon, dass diplomatisch beglaubigte Aktenstücke vorhanden und gedruckt sind, welche ihren mysteriösen Helden zum gemeinen Betrüger und Abenteurer stempeln, der, aller Sittlichkeit und Religiösität bar, die Maske aller Confessionen vorgenommen, eine eigene jüdische Sekte gestiftet und durch Spiegelfechterei von Wunderthätigkeit Anhänger geworben hat. Diese Aktenstücke und einige authentische Schriften von seinen Zeitgenossen entlarven diesen angeblichen Tugendhelden vollständig und stellen ihn in der ganzen Blösse giftiger Bosheit und des cynischen Egoismus dar. Den Juden in Polen hat Jakob Frank zu seiner Zeit tiefe Wunden geschlagen. Er bildete endlich einen der letzten Ausläufer der kabbalistischen Verirrungen. Meine Aufgabe ist es daher, ihn im Folgenden seines romantischen Schmuckes zu entkleiden und ihn in seiner wahren und, wie sich zeigen wird, gewiss nicht anziehenden Gestalt zu zeigen. Frank gleicht nicht den Mystikern und Schwärmern, deren es in jeder Zeit und jeder Religionsform gegeben hat, welche einem Wahne nachhingen, einem Phantom nachjagten und in ihrer argen Selbsttäuschung wenigstens Mitleid erregen. Er war nur ein schlauer Egoist und beutete die Menschen und Situationen zu gewinnsüchtigem Zweck aus. Seine Akolyten, so weit wir sie kennen, waren seiner würdig.

Hauptschuld an der, so zu sagen, noch in der Gegenwart fort dauernden Mystification Frank's trägt sein erster Biograph Peter Beer. In seiner Geschichte der religiösen Sekten der Juden (Brünn 1823 II S. 309—339) hat er diesen — nennen wir ihn vor der Hand Sektenhäuptling — auf ein hohes Piedestal gestellt. Seine Quellen gab P. Beer nicht an. Er wusste selbst nur wenig von ihm. Dieses Wenige entnahm er zum Theil aus Schriften von Jakob Emden, dann aus einem ihm vorgelegenen Sendschreiben und endlich aus einigen mündlichen Ueberlieferungen. P. Beer lebte nämlich in Prag, wo es noch zu seiner Zeit heimliche Frankisten gab, mit denen er verkehrte; von diesen hatte er Manches über ihren Häuptling erfahren. Peter Beer hatte aber auch eine Art Vorliebe für die Frankisten; daher ist seine Schilderung von Frank parteiisch und ziemlich rosenfarbig ausgefallen. In dieser Parteilichkeit lässt er einen Rabbiner ein ausserordentlich günstiges Zeugniss für die Frankisten ausstellen, während dieser (Eleasar Fleckels in Prag) in seinen Predigten gerade im Gegentheil ihren unkeuschen Wandel und ihre Heuchelei scharf gegeisselt hat. Wenn Fleckels in Predigtmanier von ihnen sagt: „sie sind zum Schein (und vor den Augen der Menschen) fromm, ohne Zorn, Hochmuth, Ehrgeiz[1])", so stellt es Peter Beer so dar (das. S. 341): „Ja selbst ein sie eifrigst verfolgender Rabbi sagt von ihnen Folgendes: Unter ihnen ist weder Zorn, noch Stolz" etc. Diese unwahre Schilderung ging in die Biographien von Frank über. Peter Beer sagte ferner

---

[1]) Fleckels Predigt ארבת דוד p. 5b: כן הרשעים האלה האומרים לעין יב״ש (יעקב [פראנק], ברכיה, שבתי) אבי אתה, נראים כצדיקים וכו׳.

von Frank aus (S. 310): er habe sich nicht durch Gaukelspiel wie seine Vorgänger angekündigt, sondern habe nur durch Suada gewirkt. Die Aktenstücke ergeben das Gegentheil, dass Frank nur durch wunderthäterisches Blendwerk auf seine Anhänger gewirkt hat. Mit einem Worte, Peter Beer war es, der Frank's Leben, namentlich seinen letzten Akt in Offenbach, verklärt hat, und seiner Schilderung sind die romanhaften Züge in den genannten Schriften entlehnt. — Jost hat sich gar keine Mühe gegeben, das Treiben Frank's und der Frankisten mit kritischem Auge zu erforschen, sondern copirte seinen Vorgänger wörtlich (Geschichte der Israeliten B. VIII S. 128 fg. und Geschichte des Judenthums und seiner Sekten III S. 184) und wurde weiter copirt.

Glücklicher Weise besitzen wir jetzt, wie schon angedeutet, authentische Aktenstücke, welche ein grelles Licht auf das Treiben Frank's und seiner ersten Anhänger werfen. Diese Aktenstücke hat zum Theil der fleissige Archivar am päpstlichen Hofe aus Schlesien, Augustin Theiner, in einem Fascikel der vaticanischen Kanzlei gefunden und abgedruckt[1]). Sie bestehen aus fünf Piecen:

I) Bericht des päpstlichen Nuntius Nikolaus Serra aus Warschau an die päpstliche Curie über Frank und seine Leute, wie sie sich heuchlerisch zur Taufe drängten, diese immer aufschoben, sie endlich annahmen, und jener zuletzt als Heuchler entlarvt und bestraft wurde. Dieser Bericht in italienischer Sprache reicht vom Juni 1759 bis Februar 1760 und enthält auch Manches über Frank's Antecendentien.

II) Gesuch der Frankisten an den König August III. von Polen und an den Primas von Gnesen in französischer Sprache. Auch dieses verräth ihre Gemeinheit und Heuchelei.

III) Glaubensbekenntniss der Frankisten und Reminiscencen an ihre früheren Fahrnisse, in lateinischer Sprache.

IV) Geständniss einiger Frankisten über Frank's Treiben, aus dem Polnischen in's Lateinische übersetzt.

---

[1]) Da das Theiner'sche Werk wegen seines Umfanges und seines hohen Preises nicht in Jedermanns Hand ist, so habe ich die betreffenden Aktenstücke zum Schluss als Beilagen abgedruckt.

V) **Bericht des erzbischöflichen Administrators von Lemberg Stephan von Mikulski an den Primas von Polen über die sich zur Taufe drängenden Frankisten.**

Diese Aktenstücke sind ergänzt durch eine erst jüngst in polnischer Sprache erschienene Monographie über Frank von einem polnischen Schriftsteller Dr. F. Hippolyt Skimborowicz, deren Titel lautet: *Żywot, skon i nauka Jakóba Józefa Franka* (Leben, Ende und Lehren des Jakob Joseph Frank, aus zeitgenössischen und älteren Quellen, zugleich mit Auszügen aus zwei Handschriften, Warschau 1866). Skimborowicz benutzte authentische Quellen, die uns wenig bekannt oder gar unzugänglich sind. Die wichtigsten seien hier angeführt:

I) Aktenstücke: *Coram judicio Nicolai de stemmate Jelitarum a Dembowa Góra Dembowski, pars III. de decisoriis Processus inter infideles Judaeos Dioecesis Camenecensis, in materia Judaicae eorum perfidiae, aliorum mutuo objectorum A. D. 1757 expedita ac in executivis pendens*, gedruckt Lemberg 1758. Die ersten zwei Theile: „*de praeparatoriis*" und „*de instructoriis processus*" sind nicht gedruckt (bei Skimb. p. 9).

II) **Stanislaus Kleczewski**, Franziskaner: *Dissertacya albo mowa o pismach żydowskich . . podczas walnej dysputy Contra-Talmudistow z Talmudystami* (Dissertation oder Rede über die jüdischen Schriften und den Talmud während der gewaltigen Disputation der Contratalmudisten mit den Talmudisten in der vierten Sitzung öffentlich gehalten), Lemberg 1759.

III) **Constantin Awedyk**: *Opisanie wszystkich dworniejszych okoliczności nawrócenia do wiary ś contratalmudystow etc.* (Beschreibung aller interessanten Umstände bei der Bekehrung der Contratalmudisten zum Christenthume, oder kurze Geschichte ihres Ursprungs und der Art und Weise ihres Uebertritts zum Christenthum, Lemberg 1760). Dieses Buch ist auch unter einem anderen Titel, Lemberg 1763, mit einer Predigt von Awedyk, die er nach der Disputation in der Domkirche zu Lemberg gehalten hat, erschienen. Awedyk war bei der Bekehrung der Frankisten thätig und hat Vieles aus ihrem Munde über Frank vernommen.

IV) **Gaudentius Pikulski**: *Złość żydowska* (Bosheit der Juden gegen Gott und den Nächsten, gegen Wahrheit und Gewissen, Lemberg 1760). Soll auch unter einem anderen Titel: *cyli wykład Talmudu* (Darlegung des Talmuds und der jüdischen Sekten, bei Skimb. p. 81) erschienen sei. Pikulski war Katechet der Frankisten und bei ihrer Bekehrung und Frank's Entlarvung thätig.

V) **Anonym**: *Myśli z historii o Kontra-Talmudystach* (ein langer polnischer Titel: Gedanken aus der treu, kurz und vollständig gesammelten Geschichte der Contratalmudisten mit dem von Seiten der Behörden eingetretenen Streit und der Anordnung in Betreff dieser Contratalmudisten, mit hinzugefügten Betrachtungen über den gegenwärtigen Zustand der Christen, die mit der Judenheit vermischt sind, zugleich mit sehr nothwendigen und nützlichen Warnungen), erster Theil 1761, in der Zamojski'schen Druckerei der Akademie (s. bei Skimb. p. 79 No. 31).

VI) **Anonym**: *List* (Brief eines polnischen Freundes, früher in Warschau, jetzt in Breslau wohnhaft, an einen Warschauer Bürger, welcher die Geheimnisse der Neophyten enthüllt, welche die Verbesserungen der Regierung hinausschieben, geschrieben 2. April 1790). Am Ende die Buchstaben D. S.

VII) **Anonym**: *Dwór Franka* (Frank's Hof, oder Politik der Neubekehrten durch einen Neophyten aufgedeckt), Warschau 1791. Beide Nummern enthalten Enthüllung des frankistischen Treibens aus dieser Zeit: „Geheime Versammlung, Ausflüchte, Steuerleistung an Frank, Meiden von Ehen mit Frauen von einer anderen Confession, Nichtbesuchen der Beichtstühle, Fälschen der Getränke, Gebrauch eines goldnen Pfriemes bei ihren Processen" (bei Skimb. p. 77 No. 12, p. 79 No. 27).

VIII) **Jacques Calmanson**, ein kurzer Bericht in: *Essai sur l'état actuel des Juifs de Pologne*, Warschau 1796. Der Verf. war nicht Rabbiner (wie Skimborowicz irrthümlich angiebt), vielmehr ein rationalistischer Gegner der Rabbinen. Um so zuverlässiger ist das, was er über Frank und seine Sektirer (p. 16—23) mittheilt, und zwar, wie es scheint, aus Autopsie.

IX) Am wichtigsten ist jedoch die von Skimborowicz zuerst an's Licht gezogene Quelle. Nach der Vollendung seiner Monographie machte ihn ein Freund auf zwei Bände polnischer Manuscripte aufmerksam, welche seit fast einem halben Jahrhundert bei den Nachkommen eines Frankisten bestäubt als „langweilige Bibel" lagen. Diese zwei Manuscripte bilden jedoch nur eins; sie enthalten beide dieselben Lehren und Erinnerung von Frank, oder: „ausgewählte Worte des Herrn, die wir vor mehreren Jahren gehört haben": *Wybrane słowa Pańskie, któreśmy słyszeli z dawnych lat.* Der zweite Band hat dieselben „Worte oder Lehren" in anderer Ordnung, in besserem polnischen Style geschrieben und in Paragraphen abgetheilt. Vor jedem Spruch oder jeder Auseinandersetzung befindet sich die Abbreviatur S. P = *Słowa Panskie* (Worte des Herrn); in dem zweiten Bande M. P = *Mówił Pan* (es sprach der Herr). Aus diesen Manuscripten, aus denen Skimb. Auszüge unter dem Titel *Nauka Franka* (Frank's Lehren) gegeben hat, lernen wir diesen Häresiarchen in *puris naturalibus* kennen. Wenn die vaticanischen Aktenstücke bei Theiner und die Nachrichten bei den polnischen Schriftstellern Awedyk und Pikulski nur Geständnisse seiner Anhänger oder seine eigenen, vielleicht unter der Tortur erpressten (vergl. weiter unten) enthalten, die man à la rigeur anzweifeln könnte, so werden sie durch die „Worte des Herrn", durch seine eigenen intimen Ergüsse übervoll bestätigt und zur vollen Gewissheit erhoben. Es scheint, dass einige seiner Anhänger, die des Polnischen noch nicht mächtig waren, nach seinem Tode diese Erinnerungen aufgezeichnet haben. Es kommen darin viele Bibelverse in ihrer hebräischen Urgestalt, mit rother Dinte geschrieben, und hebräische oder richtiger rabbinische aus dem jüdisch-polnischen Kreise entnommene Worte vor: *Das* (Religion); *Machne* (Kreis, frankistische Gesellschaft); *Ammuryc* (soll heissen Am-Ares, Idiot); *Ajalta* (Bezeichnung für Jungfrau); ausserdem die typischen Termini *Esau*, *Seïr* und *Edom*. Mit dem Worte *Emine* (jüdisch-polnische Aussprache für *Emuna*[1]) = der Glaube) wird in diesen Manuscripten ein wahrhaft blasphemirendes Spiel getrieben (vergl. weiter). Herr Skimborowicz, welcher die Kabbala und die sabbatianische Typologie nicht kennt, hat die Tragweite dieser

---

[1]) אמונה, אילתא, עם ארץ, מחנה, דת

ausserordentlich wichtigen Quelle nicht würdigen können. Er hat seine Quellen sehr gewissenhaft benutzt und eine ziemlich erkennbare Silhouette von Frank geliefert, wofür er den vollen Dank der Forscher verdient. Aber da ihm das innere Treiben der Frankisten einerseits und die vaticanischen Aktenstücke, so wie die gleich zu erwähnenden hebräischen Quellen andererseits unbekannt geblieben sind, so ist das von ihm gezeichnete Bild unvollständig, die Gruppirung und Beleuchtung mangelhaft.

Eine zu diesen Aktenstücken gehörige Schrift, in polnischer Sprache gedruckt, Gesuch einiger Frankisten an den Erzbischof von Lemberg, mit Aufzählung ihrer früheren Leiden, ist mir durch die Güte meines geehrten Freundes, Herrn Michael Levi, zugekommen. Es ist das *Requête*, vom 20. Februar 1759, worauf die Frankisten in ihrer Petition an den Primas (Beil. S. XX, 2) anspielen. Wie aus dieser Stelle hervorgeht, hat der Erzbischof diese *Requête* drucken lassen: *Votre Altesse a rendu notre requête notoire à tout le monde.* Ebenso Beil. S. XXIV: *nunc typis edere demandavit (Archiepiscopus supplicem libellum)*, auch kurz erwähnt bei Skimb. pag. 17.

Diese vaticanischen und polnischen Aktenstücke beleuchten und ergänzen die Angaben in den jüdischen Quellen über Frank's Mystificationen und werden zugleich von ihnen beleuchtet und ergänzt. Jakob Emden in Altona, ein maassloser Zelote gegen Ketzerei, aber ein biederer, wahrheitsliebender und zuverlässiger Charakter, hat von seinen Freunden in Polen detaillirte briefliche Nachrichten über Frank, seinen Anhang und über die Verfolgungen, welche sie über die Talmud-treuen Juden Polens und diese wiederum über jene heraufbeschworen haben, gesammelt und drucken lassen. Diese Correspondenz, wenn auch parteiisch gefärbt, enthält authentische Nachrichten über Facta; sie ist, obwohl längst gedruckt, noch nicht kritisch ausgebeutet worden. Sie besteht aus folgenden Piecen [1]) (ich bezeichne sie mit Emden I):

---

[1]) Gedruckt unter dem Gesammttitel ספר שמוש, Altona 1758—62.

I. 1) **Briefliche Nachrichten** über das anfängliche Treiben der Frankisten und den über sie von den polnischen Rabbinen verhängten Bann (No. 1—8).
2) **Zeugenverhör und Geständnisse** der reuigen Frankisten (No. 9).
3) **Correspondenz** einiger Frankisten, namentlich eines Nachman b. Samuel Levi über die erlittene Verfolgung und Ermahnung zur Ausdauer, ferner ein Gebet der Sabbatianer und Frankisten[1]).
4) **Bannformel** gegen sie und Beschlüsse der polnisch-jüdischen Synode wegen der frankistischen Agitation.
5) **Glaubensbekenntniss und Anklageschrift** der Frankisten gegen den Talmud und die talmudischen Juden (das. S. 31 fg.), aus dem Polnischen in's Hebräische übersetzt.
6) **Resumirender Bericht** und neue **Correspondenz** über Frank wie er zuletzt in Warschau entlarvt wurde (S. 78 fg.).

II. Dazu kommt noch als Ergänzung eine kurze **Nachricht** über das erste Auftreten der Frankisten im Jahre 1756 von Demselben[2]).

III. **Bericht** eines Polen (Abraham von Szargrod) über die Vorgänge zwischen den Frankisten und ihren Gegnern in Podolien und Lemberg[3]); diese Quelle ist sehr vage und ungenau.

IV. Emden hat in seiner polemischen Schrift gegen Jonathan Eibeschütz[4]) hin und wieder über Frank und seine Anhänger berichtet. Wichtig ist darin ein Brief aus Petersburg über das Bestreben der Frankisten, von katholischem Bekenntniss zur griechisch-katholischen Religion überzugehen (Beil. VII).

Aus den Mittheilungen Peter Beer's hat nur Wichtigkeit und historische Gewissheit der von den Frankisten nach Prag

---

[1]) Abgedruckt in Beilagen No. VI.

[2]) Unter dem Titel: מקרה זר שארע בשנה ט, Anhang zu Emdens Ed. von Seder Olam, Hamb. 1758.

[3]) מעשה נורא כפרולא, Anhang zu dess. ספר הפרוח והפורקן.

[4]) Titel התאבקות, gedruckt 1762—68.

und andern Gemeinden adressirte Brief mit rother Dinte (a a. O. S. 329 fg.). Er war in hebräischer oder gemischter Sprache gehalten: Peter Beer hat ihn in deutscher Uebersetzung wiedergegeben. Dieses Sendschreiben besteht aus drei Theilen:

1) Das Hauptschreiben d. d. 1800, eine Ermahnung an die Juden, in die christliche Religion oder in die **Religion Edoms** einzugehen; belegt mit kauderwelschen kabbalistischen Sentenzen und mit einem Hinweis auf Frank's Prophezeiungen. Unterschrieben sind darunter: **Francziszek Wolowski**, früher genannt **Salomon, Sohn des Elischa Schor aus Rohatin**; **Michael Wolowski**, früher genannt **Nathan**, Bruder des früheren, und **Jemerdsky Dembowsky**, vorher genannt **Jerucham, Sohn des Lipmann aus Czortkow**. Die ersten beiden Namen haben für uns kritische Wichtigkeit. In diesem Sendschreiben sind mitgetheilt:

2) Ein Schreiben Frank's an die Gemeinde Brody, d. d. 1767 aus der Festung Czenstochow (oder wie sie kabbalistisch genannt wird **Pforte Rom's**)[1]), eine Prophezeiung von Unglück, wenn die Juden nicht zur Religion Edoms übergehen würden.

3) Ein ähnliches Schreiben aus demselben Orte, ein Jahr später erlassen.

V. Auch die gelegentlich angebrachten Notizen von **Eleasar Fleckels** in seinen in Prag gehaltenen Predigten[2]) gegen die Frankisten haben kritische Bedeutung. Fleckels erwähnt ebenfalls rothgeschriebene Sendschreiben von Frankisten erlassen und theilt die Anfangsworte derselben mit, die ebenso wie die bei Peter Beer lauten: „**Wisset, als unser heiliger Herr noch sass an der Pforte Roms**"[3]). Wir haben demnach von zwei Seiten die authentische Bezeugung von frankistischen Sendschreiben an jüdische Gemeinden von Offenbach aus.

---

[1]) פתחא דרומי statt תרעא דרומי.

[2]) Unter dem Titel: ארבת דוד, Prag 1800.

[3]) תדעו בהיות שהאדון הקדוש יושב בתרעא דרומי.

Auch das, was Herr Schenck-Rinck über Frank's letzte Lebensjahre in Offenbach thatsächlich berichtet, hat historischen Werth. Sein Grossvater K . . . stand mit Frank in finanzieller Verbindung und hatte einen Blick in das Innere von Frank's Hof geworfen. Nur dürfen wir nicht die Folgerungen daraus ziehen, welche Schenck-Rinck daraus gezogen hat, sondern haben darin einen Beweis mehr von neuen Schwindeleien.

In ganz jüngster Zeit hat Dr. Stein in Prag eine interessante Mittheilung über Frank's Hof gemacht (Zeitschrift Achwa Jg. 1868. S. 155—160). Sie stammt von einem noch lebenden, höchst achtbaren Greise (v. P. in P.), welcher in seiner Jugend von seinem Vater nach Offenbach geschickt wurde und in Frank's Haus nach dessen Tode anderthalb Jahr zugebracht hat. Scharfsichtig genug hat er schon in der Jugend das verkehrte Treiben der Frankisten erkannt und den Hof verlassen, ohne doch eine Ahnung von der bodenlosen Verworfenheit dieser Sekte zu haben.

Nachdem die verschiedenartigen Quellen namhaft gemacht und ihr kritischer Werth festgestellt ist, können wir an die Charakteristik Frank's und seiner Agitation herantreten.

Seine vorgeschichtliche Biographie ist für die Untersuchung nicht ganz gleichgiltig; daher muss auch ihr einige Aufmerksamkeit geschenkt werden. Der Name Frank oder Frenk war nicht sein ureigener, sondern er hat ihn von seinem Aufenthalte in der Türkei erhalten. Sein eigentlicher Name lautete Jankiew Lejbowicz oder Lebowicz (d. h. Jakob, Sohn des Leib). Sein Vater soll Rabbiner gewesen sein. Sein Geburtsland war das südliche Galizien (entweder Korolowka oder Buczacz); sein Geburtsjahr wird verschieden angegeben 1712, 1723, 1727[1]). Er umgab später in den Augen seiner Anhänger seine Geburt mit dem Nimbus des Wunders. Hexen hätten das Haus in dem Augenblicke, als er das Licht der Welt erblickte, umgeben, die seine Grossmutter, welche sich auf Sternkunde (und wohl auch auf Exorcismus) verstanden habe, verscheucht hätte. Sie habe seinen Eltern eingeschärft: „Hütet dieses

---

[1]) Beilage S. XXVIII: *Venit ex Turcia Frank Lebowicz* und andere Stellen; über Namen, Geburtsstadt und Geburtsjahr Skimborowicz a. a. O. p. 4; p. 45 und 71, nennt er sich Jankiew nach polnischer Aussprache.

Kind und erzieht es gut, denn durch dasselbe wird etwas Neues auf die Welt kommen"[1]). Die Eltern scheinen diese Ermahnung nicht beachtet zu haben, oder ihre Erziehung schlug nicht an. Sein Vater, der als Rabbiner oder Lehrer von Galizien nach Czernowicz (Bukowina, damals zur Walachei gehörig) verzog, sah sich in seiner Hoffnung getäuscht, ihn zum Talmudjünger zu erziehen (das Ideal jüdischer Väter in damaliger Zeit). Der junge Jakob Lebowicz hatte keine Anlage zum Verständniss des Talmud, er blieb ein Idiote, wie er selbst eingestand[2]). War er wenigstens moralisch gut erzogen? Frank selbst beantwortet diese Frage auffallend freimüthig. Er rühmte sich später vor seinen Anhängern, denen er eine neue Lehre bringen wollte, dass er seinen Vater belogen und betrogen habe, um neue Kleider zu bekommen[3]). Lügen und Betrügen, um schöne, blendende Hüllen zu haben, das war so ziemlich seine Lebensmaxime bis an sein Ende. In seinem dreizehnten Lebensjahre kam Lebowicz nach Bucharest und zwar als Diener eines Juden aus Polen, der ihn auch weiter nach der Türkei führte[4]). Selbstständig geworden, verlegte er sich auf den Handel in der Türkei und soll es, nach seiner Aussage, zu bedeutenden Reichthümern gebracht haben. Er will Geschäftsniederlagen in Giurgiewo, in Nikopolis und Smyrna mit Edelsteinen, Erzen, Pelzwaaren und Seidenwaaren gehabt haben. Auch Weinberge und bedeutende

---

[1]) *Nauka Franka*, bei Skimb. das. p. 48 No. X.

[2]) Das. p. 49 No. XIV: „Denn ich bin ein ungelehrter Mensch und Ammurye, d. h. עם הארץ, Idiote." Das. p. 45 No. VI: „Als mir befohlen wurde, nach Polen zu gehen, sprach ich: Möge Rebe Isacher oder Rebe Mordke gehen, denn sie sind gelehrt, ich aber bin ein grosser Prostak", d. h. sehr unwissend in der talmudischen und rabbinischen Literatur. Damit stimmt die Schilderung, die Emden nach Aussage eines Augenzeugen von ihm entwirft (1. p. 82b):
פרענק :וספר לי אדם הנן שהיה סבידו · · שהיה התחלתו נער הסר לב עם הארץ נמור בור עצום סנול וסבוער· מאד אין לו דמות אדם רק פניו כפני שד ולא בעל דבור ולשון אך כנסנם באפסוף · · · בלתי טובן לנסרי לסי שאינו רגיל בו.

[3]) *Nauka Franka*, bei Skimb. p. 53 No. XVII.

[4]) Bei Skimb. p. 4; bei Emden das. p. 83a: היה (פרענק) משרת לאדם אחד ספלין ושמו מרדני מרגליח (זה האיש בגד באשתו תסע סקושטנדינה ולקח לנער הלז עמו והלכו לכלנינק וכו'.

Schäfereien will er besessen haben[1]). In Nikopolis heirathete er (1752) ein schönes Kind, ein Mädchen von vierzehn Jahren, Chana (Anna), Tochter eines gewissen Tobias[2]). Sie gebar ihm nach einander zwei Söhne, Joseph (um 1753) und Jakob (um 1755[3]). So weit verlief sein Leben ausserordentlich prosaisch, ohne Spur von romantischem Schimmer. Erst durch die Beschäftigung mit der Mystik umgab er sich mit einem solchen Scheine. Er wurde nämlich in Salonichi mit den dortigen Sabbatianern bekannt und vertraut und liess sich in diese Sekte aufnehmen, weil, wie er sagte, er von Jugend auf für die Kabbala ebenso viel Sympathie, wie Antipathie gegen den Talmud hatte[4]). Die Salonicher Sabbatianer bildeten nämlich eine eigene Sekte, die man (nach Analogie von Judenchristen) Judentürken nennen könnte. Sie hatten sich eine eigene Theorie zurecht gelegt, die sie zwar in geheimnissvolles Dunkel hüllten, namentlich seitdem sie sich äusserlich zum Mohammedanismus bekannten, die aber dem Auge der historischen Forschung nicht verborgen geblieben ist. Der Mittelpunkt ihres Glaubens war die Messianität des Smyrnaer Pseudomessias Sabbataï Zewi, der sich 1666 als Erlöser geoffenbart hatte, Myriaden von Anhängern zählte, in der Stunde der Prüfung nicht bestand, sondern Renegat wurde, aber nichtsdestoweniger unter Juden zähe, fanatische Gläubige behielt. Ihn betrachteten seine Anhänger, die Sabbatianer, nicht bloss als den wahren Erlöser, als den Seelenerlöser, sondern

---

[1]) Skimb. das. p. 5.

[2]) Beilage S. VII (5): *Unitasi (Frank) in matrimonio con femmina di Nicopoli;* auch das. S. VIII. Bei Skimb. das. p. 5: *ożenił się w Nikopolis z . . . Anną (Chaną), córką Tobiasza.* Ebenso bei Emden das.: אדם אחד · · · ר' טוביה נתן בתו לארו׃ פריניק לאשה · · · והיא היתה אשה יפה תאר מאד · · · היתה מופקרת לכיעה הרעה ההיא שהיו מעשריב אחני בשבילה · · · גם היתה קדשה למטרים רשים. Damit fällt das ganze Raisonnement Schenck-Rinck's über den Haufen, welches einzig und allein darauf gebaut ist: dass Frank nie verheirathet gewesen sei (S. 11): „dass keiner der Geschichtsschreiber einer Frau des alten von Frank erwähnt". Freilich seine Secundär-Quellen und auch die primären, Peter Beer und Jost, wussten davon nichts.

[3]) Bei Skimb. p. 85.

[4]) Das. p. 5; das. p. 71 sagt er von sich: „als ich jung war, wollten sie mich Rabbiner nennen, ich aber wollte nur Bucher Jankiow genannt sein".

auch als einen Gottmenschen, als Incarnation Gottes. Zur Theorie dieser Sabbatianer gehörte ganz besonders die kabbalistische Seelenwanderung. Die Seele des Messias, die einen Theil der Gottheit bilde, oder vielmehr die Gottheit in Fleisch, in Leibesleben darstelle, hülle sich in jedem Zeitalter in den Körper eines vollkommenen Menschen, der eben dadurch die ganze Machtfülle, über Geister und über die Natur zu herrschen und Wunder zu verrichten, erhalte. Diese Messiasseele habe sich auch in Jesus und Mohammed verkörpert; in Sabbataï Zewi habe sie gewissermaassen ihren vollen Ausdruck erhalten. Als sein unmittelbarer, leiblicher Nachfolger galt diesen Sabbatianern Jakob Querido, Sabbatai Zewi's Schwager (oder Sohn, wie seine Mutter behauptete). Querido und seine Anhänger haben zuerst äusserlich die mohammedanische Religion angenommen (um 1687) und erhielten den Namen Donmäh, d. h. Abtrünnige, Apostaten vom Judenthume. Querido's Nachfolger war sein Sohn Berechja oder Barochia, den Frank noch gesehen haben mag; denn er erreichte ein hohes Alter (um 1690—1740). Ihn verehrten die Salonicher Sabbatianer ganz besonders und richteten Gebete an ihn[1]). Er scheint keine männliche Nachkommen hinterlassen zu haben, sondern nur nächst seiner Wittwe (welche diese Sektirer die heilige Matrona und die „Herrin" *[Gebira]* nannten) noch eine junge Enkelin, von ihnen das „heilige Mädchen" genannt *(Naara Kadischa)*. Sie war für den künftigen Nachfolger Berechja's oder die nächste Incarnation der Gottheit zur Braut bestimmt[2]). Es versteht sich von selbst, dass die Donmäh das ganze Judenthum verwarfen, das, nach ihrer Theorie, mit dem Eintritt des wahren Messias oder der letzten Incarnation Gottes seine Bedeutung verloren habe. Nur die Beschneidung im achten Tage nach der Geburt behielten sie bei. Von der heiligen Schrift nahmen sie nur das hohe Lied mit hinüber, dessen Liebesdialoge

---

[1]) S. Beilage VI. Ueber die Theorie der Sabbatianer (Graetz, Geschichte der Juden B. X, Note 3 und 4).

[2]) Bei Emden הראבקה p. 63a. Sie soll Jonathan Eibeschütz' jüngstem Sohn, dem Abenteurer Wolf Eibeschütz, der sich Baron von Adlersthal nannte, zugedacht gewesen sein.

und Monologe ihnen, wie den Mystikern jüdischer und christlicher Kreise von jeher, einen weiten Spielraum für abenteuerliche Auslegung und Deuteleien gewährten. Im höchsten Ansehen stand bei ihnen das kabbalistische Grundbuch Sohar, das Lügenwerk des Mose de Leon (entstanden um 1300), das damals allgemein als Werk des talmudischen Weisen Simon ben Jochaï oder vielmehr als eine höhere Offenbarung galt. Drollige Inconsequenz der Sektirer! Sie verwarfen Bibel und Talmud und klammerten sich an ein Buch, das im besten Falle eine talmudische Autorität zum Verfasser haben konnte. Das kam daher, dass der Sohar den sabbatianischen Ketzern Anhaltspunkte für ihre Mystik bot. Sie haben daraus ihre Theorie von der Vergöttlichung des Messias und der Vermenschlichung Gottes gezogen. Sie nahmen eine eigene Art Trinität an, und auch diese Afterlehre stützten sie auf Belegstellen des Sohar. Die erste Person nannten sie die höchste Ursache (*causa omnium causarum*) oder den „heiligen Uralten" (*Attika Kadischa*), die, weil unendlich erhaben, keinen Einfluss auf die Weltregierung üben könne. Die zweite Person war ihnen der Gott Israels (*Elohe Israel*) oder der heilige König (*Malka Kadischa*); ihn identificirten sie mit dem Messias, d. h. mit Sabbataï Zewi und seinen Nachfolgern, auf welche dessen Seele übergegangen sei. Sie nahmen aber noch eine dritte Person in der Gottheit an, die weibliche Ergänzung zum männlichen Messias (*Schechina* oder *Matronita*¹). Diese drei Personen (*Telat Parzufim*) bilden jedoch eine Einheit.

Die Aufgabe der Gläubigen sei es, nach dieser neuen trinitarisch-messianischen Religion, durch Gebete und gottesdienstliche Handlungen die Vereinigung dieser Dreiheit zu bewirken, wodurch erst die Gottheit zu ihrer Vollkommenheit gelangen könne. Diese Vereinigung symbolisirten sie mit zweideutigen und sogar lasciven Bezeichnungen von Verehelichung und Geschlechtsliebe (*Siwwug*), und dazu diente ihnen der Text des hohen Liedes ganz vortrefflich.

---

¹) מטרתיחא, שכינה, מלכא קדישא, אלהי ישראל, עתיקא קדישא, עלת על כל העילות; vergl. darüber und das Folgende Graetz, Geschichte der Juden B. X, Noten 3, 4, 6 und 7.

Ihre Gegner warfen ihnen beharrlich vor, dass sie diese Mysterien durch Ausschweifung bethätigten. Mit der Verwerfung des Judenthums und sämmtlicher daraus emanirten Gesetze sollen sie auch die Keuschheitsgesetze verworfen und sich gar blutschänderische Umarmungen haben zu Schulden kommen lassen, gerade dasselbe, was die Christen im zweiten Jahrhundert manchen gnostischen Sekten nachsagten. Mit der Ehe nahmen sie es sehr leicht und wechselten ihre Frauen wie Kleider. Diese sabbatianische Sekte oder Donmäh traf Niebuhr auf seinen Reisen im Orient in Salonichi, und er schätzte ihre Glieder auf 600 Familien[1]. Sie bestehen noch gegenwärtig äusserlich als Türken und sollen seit Niebuhr's Zeit (seit 1784) auf 50,000 Seelen gewachsen sein[2]. Sie werden natürlich von der türkischen Bevölkerung nicht als volle Mohammedaner angesehen und mit misstrauischem Auge betrachtet, besonders weil sie nur unter einander heirathen. Vor nicht langer Zeit hat ihnen der jetzt regierende Sultan Abdul-Aziz die Toleranz gewährt, nach ihrem Bekenntniss frei leben zu können.

Fügen wir gleich hinzu, dass sich eine ähnliche sabbatianische Sekte sporadisch in Polen gebildet hatte. Ihr Stifter war ein jüdischer Pole Chajim Malach, welcher sich ebenfalls dem kabbalistischen Schwindel ergeben, Reisen im Orient gemacht und in Salonichi längere Zeit unter den Donmäh geweilt hatte. Nach Polen zurückgekehrt (1710—1715), lehrte er dieselbe Theorie und fand viele gelehrige Anhänger. Nur mussten diese polnischen Sabbatianer ihr Bekenntniss und ihr Treiben geheim halten, weil sie von den Rabbinen scharf beobachtet wurden, namentlich als einer ihrer Emissäre, Mose Meïr Kamenker in Frankfurt a. M. (1725) ertappt und entlarvt worden war. Die fürchterlichsten Bannflüche sind in Folge dessen von deutschen Rabbinen und der jüdisch-polnischen Synode gegen die Sabbatianer aller Gattungen geschleudert worden. Jedermann wurde verpflichtet, Anzeige von ihrem Treiben zu machen. Nichtsdestoweniger erhielten sich solche Sektirer im Geheimen in

---

[1] Deutsches Museum Jg. 1784 B. II, S. 17.
[2] Aus der Zeitung „Le Levant" ausgezogen in der hebr. Wochenschrift „Maggid" Jahrgang 1863, S. 28.

den südpolnischen Provinzen, namentlich in Podolien und im Lembergischen, machten zwar äusserlich die jüdischen Riten hyperorthodox mit, trieben aber ihr Wesen weiter und gingen auf Propaganda aus. Geheime Schriften, kabbalistisch-erotischen Inhaltes, mit blasphemirenden Floskeln, circulirten in ihrer Mitte, an denen sie sich erbauten. Den Sohar verehrten sie ebenso wie ihre Bekenntnissverwandten in der Türkei als eine neue, höhere, heilige Schrift, als die Thora der Geisteswelt *(Thora di-Azilút,* im Gegensatz zur *Thora di-Beriáh).* Die Armuth, die Bedürfnisslosigkeit und der Hang der polnischen Juden damaliger Zeit zur Mystik, zur Phantasterei und besonders zum Müssiggange (wie sie einer der Ihrigen, der abenteuernde kantische Philosoph Salomon Maimon schildert) machten sie zum Sektenwesen ganz besonders geeignet. Sie, gewissermaassen von der Wiege an im Talmud und Sohar erzogen und geschult, deren eisernes Gedächtniss jedes Wort in dieser weitschichtigen Literatur festhielt, und deren Auslegungssucht, Scharfsinn und Witzhascherei in Allem und Jedem etwas Höheres und Mystisches suchten, waren für diesen mystischen und zugleich sinnlichen Schwindel wie prädestinirt. Männer vom Schlage Salomon Maimons, „von verworrenen Gedanken und unverständlichem Jargon", die mit dreizehn Jahren heiratheten, bei ihren öfter armen Schwiegereltern als Kostgänger lebten und gezwungen waren, ihre noch jüngeren Frauen bald zu verlassen, von Ort zu Ort als Talmudlehrer, Prediger oder Rabbiner zu wandern, die, mit dem Elende vertraut, darüber hinwegzukommen suchten, sie fanden in der Mystik eine Art Alkohol, der ihnen über die freudenlose Wirklichkeit hinweghalf. Früher einer fast übermenschlichen Askese huldigend — wie der überfromme Simon aus Lubasch (von Maimon erzählt), der sechs Jahre hintereinander jeden Tag fastete, nur Abends etwas genoss und zuletzt sich zu Tode hungerte — ergriffen die polnischen Kabbalisten mit Gier nach der sabbatianischen Theorie: dass sie durch ein wildes, gesetzloses Leben dasselbe Ziel, die Förderung der Messiaszeit, die Wiederherstellung der durch die Sünde gebrochenen Welt, das Himmelreich, erreichen könnten. Die polnischen oder, nennen wir sie, podolischen Sabbatianer gingen von Extrem zu Extrem, von Hypernomismus zum Antinomismus, über. Mit jeder Falte des Talmud vertraut, fanden sie eine besondere Freude an dem Trotze, ihm in jedem Punkte zuwider zu handeln, gerade das zu thun, was er verbietet. Ein Rabbiner, der sie aus Selbstbeobachtung kannte (Ezekiel Landau, früher in Podolien, später ein verehrter Rabbiner in Prag), ein Mann von Wahrheitsliebe, entwarf einige Jahre, ehe sich Frank zu ihnen gesellte, eine abschreckende Schilderung von ihnen: dass sie jedes religiöse und moralische Gesetz zu übertreten für eine heilige Pflicht hielten und mit cynischer Rohheit die Keuschheitsbestimmungen, Ehe und Blutverwandtschaft mit Füssen traten'). Die Bekenntnisse, welche einige der podolischen Sabbatianer reumüthig ablegten, bestätigen nur zu sehr diese Schilderung. Auffallend genug, aber leicht erklärlich gehörten zu ihnen Rabbinen und Prediger (d. h. *Darschanim*), Söhne des Talmud, welche eine wilde Freude daran fanden, ihn zu verhöhnen. Eine Hauptrolle spielte unter den podolischen Sabbatianern noch vor Frank's Ankunft eine Familie Schor, die von rabbinischem Adel abstammte, d. h. deren Voreltern berühmte Rabbinen und Verfasser talmudischer Werke waren[2]). Das Haupt dieser Familie war Elisa Schor[3]), zubenannt von

---

[1]) In einem Sendschreiben an die deutschen Gemeinden d. d. 1752 wegen der Eibeschütz'schen Streitsache in פתח עינים; s. Graetz B. X Note 7 S. CXII.

[2]) Bekannt ist ihr Urahn, Verf. des rabbinischen Werkes תבואת שור.

[3]) Die Namen der Frankisten sind für ihre Schwindeleien nicht unwichtig. In dem Sendschreiben an die Gemeinden d. d. 1700 (o. S. 10) sind unterzeichnet Franciszek Wolowski, vorher genannt Salomon, Sohn des Elisa Schor aus Rohatyn, Michael Wolowski, vorher genannt Nathan, Sohn des Elisa Schor aus R., und ein dritter. Der Erstere ist derselbe, welcher in den Correspondenzen bei Emden öfter unter dem Namen: שלמה בן אלישע מרהטין (sein Vater wird öfter genannt אלישע הזקן מרהטין). Wolowski ist die polnische Uebersetzung von שור (Ochse). Es ist ferner derselbe, welcher mit einem andern Genossen Jehuda b. Nossen (Nathan) Krysa aus Nadworna das Gesuch an den König von Polen und an den Primas gerichtet hat (Beilage S. XVII, XX), derselbe, welcher mit Krysa das Anklagemanifest gegen die Talmudisten unterschrieben hat (das. S. XIII, XXVII), ferner derselbe, der von Frank ausgesagt hat, er habe über dessen Haupt einen Lichtglanz gesehen (das. S. XXIX): *Saloma Rochatynski, modo Lucas Franciscus e Rohatin appellatus*, und von dem Mikulski berichtete, er habe mit seinen Genossen im Namen der übrigen Frankisten unterhandelt (das. S. XXXII): *Isti qui hucusque agunt, utpote Jehuda ben Nossen de Nadw. Salomon ben Elias de Rohatyn, sunt Judaei ex vulgo etc.* An allen diesen Stellen muss es Elisa,

Rohatyn, ein bereits bejahrter Mann zu Frank's Zeit, der in hohem Ansehen bei ihnen stand; von seinen Kindern haben zwei Söhne und eine Tochter eine traurige Berühmtheit erlangt. Die Söhne Salomon und Nathan Schor (später Wolowski genannt) waren Frank's Haupthelfershelfer und setzten nach seinem Tode die Schwindeleien fort. Die Tochter Chaja war das Orakel der podolischen Sabbatianer. Sie verstand den Sohar, redete in Verzückung dessen Sprache und soll, wie Zeugen in einem Verhör aussagten, Ehebruch mit Erlaubniss ihres Mannes in mystischem Cynismus getrieben haben. Neben Salomon Schor von Rohatyn spielte später eine Rolle unter den podolischen Sabbatianern Jehuda Leib b. Nathan Krisa aus Nadworna (Galizien) und Nachman b. Samuel Levi, Rabbiner von Busk (Lemberger Kreis). Die phantastische Kabbala war es, welche diese heimlichen Sektirer zur Verwilderung gebracht hat. Im Auffluge, das Höchste zu erreichen, erlahmten ihre Flügel, und sie fielen in einen Sumpf.

Indessen fehlte es ihnen an einem Führer, der sie zu einer Gemeinde verbinden sollte. Diesen fanden sie in Jakob Lebowicz oder Frank. Er hatte in der Türkei, wie schon angedeutet, mit

---

statt Elias heissen. Es ist auch derselbe, welcher (bei Skimb. p. 15) der Disputation von Kamieniec beigewohnt hatte: Zisa Szloma z Rohatyna mit Anderen und seinem unzertrennlichen Genossen Leibko z Nadworny; endlich auch derselbe, der mit Anderen ein unvorsichtiges Geständniss über Frank abgelegt hat (das. p. 26) unter dem Namen Lukacz Francizsek. Von seiner Schwester, des alten Elisa Tochter, heisst es im Zeugenverhör (Emden I p. 5): חייה אשת הירשל שבתות היתי מרבק ומנשק... היא אמרה אלי אינך כדאי לעסוק עמי באשר אני טמאות בשבתי צבי ואבי גם זקני ודודי המה כלם מאמינים. Sie wird als ein freches, unzüchtiges Weib geschildert (das. p. 20 u. 36 b.): אשה זנה וכפירה אשת צבי בר' שבתי... היא. העיד לי מגיד נאמן שדע אך. Emden bemerkt dabei: בת אלישע ס״קק ראהטין. — Der in den Urkunden oft genannte Genosso des Salomon Schor heisst in den jüdischen Quellen הסין קריבשר האדורה האת נופלת לארץ ואמרת כמה מאמרי זהר; Leib Kris gleich Jehuda Krysa. — Ein dritter frankistischer Rabbiner, in den polnischen Quellen öfter genannt (bei Skimb. p. 15) als Gegner bei der Disputation von Kamieniec, war Nachman aus Busk (p. 7), Frank's Begleiter auf seiner propagandistischen Reise: Lachman Szmujlowicz, Rabbiner von Busk; Lachman = Nachman, Sohn des Samuel. Es ist derselbe, dessen Sendschreiben von den Gegnern aufgefangen und von Emden mitgetheilt werden (s. o. S. 9, 3.): נהסן בן שמואל כ״ל.

den Sabbatianern oder mit den Donmäh von Salonichi verkehrt, ihr Bekenntniss angenommen und war Mohammedaner geworden[1]). Er verehrte Sabbataï Zewi als einen Gottmenschen, der das Judenthum aufgehoben habe. Er besuchte das Grab des sabbatianischen Pseudopropheten Nathan Ghazati[1]) (in Sophia?), nach der Vorschrift dieser kabbalistischen Sekte, auf den Gräbern der Heiligen zu weilen, deren Geister auf sich herabzuziehen, um sich mit ihnen zu assimiliren. Er scheint bereits in der Türkei auf Propaganda ausgegangen zu sein, entweder unter eigener Firma oder für Sabbataï Zewi und seine unmittelbaren Nachfolger. Die Erbitterung der Juden in der Türkei war so gross gegen ihn, dass Frauen mit Steinen nach ihm warfen. Die Juden sollen einen Türken oder Griechen gemiethet haben, ihn zu ermorden[2]). Was ihn veranlasst hat, die eigentliche Türkei zu verlassen, lässt sich nicht mit historischer Gewissheit angeben. Er, der voll Verlogenheit war, gab einmal an: weil die Pforte ihn um ein ihm ertheiltes Privilegium geprellt habe, hätte er sich hinweggebegeben, um nach Podolien zu gehen[4]). Ein anderes Mal sagte er im vertrauten Kreise seiner Jünger aus: die Regierung in Constantinopel habe ihm zuvorkommend reiche Subsistenzmittel geboten; aber ein innerer Drang habe ihn nach Polen getrieben, um eine Mission zu vollbringen[5]). Er fügte auch hinzu: als ihm aufgetragen wurde, nach Polen zu gehen, habe er sich dagegen gesträubt, weil er ein Ungelehrter sei, worauf ihm entgegnet worden sei, Gott habe ihn zu dieser Sendung erwählt, und wenn er sich nicht fügen wollte, würde er ihn mit eisernen Ketten dahin schleppen[6]). Sabbataï Zewi habe zu ihm (im

---

[1]) Beilage S. XVII (15): *Passò (Frank) alcuni anni sono alla religione maomettana*; bei Skimb. p. 6; *Nauka Franka* das. p. 70 (No. XXXVI).

[2]) *Nauka Franka* bei Skimb. p. 47 (No. IX) „der Herr (Frank) ging auf das Grab Nathans und sah seinen Leichenstein". Dieser Pseudoprophet war wahrscheinlich in Sophia begraben, woselbst Frank auch war, das. p. 45 (No. V).

[3]) *Nauka F.* das. p. 45 (V).

[4]) Beilage S. XVII (15): *Avendo attenuto dalla Porta il privilegio di possedere* (Lücke), *deluso alla fine per non vederne l'effetto, stimò il miglior suo partito l'andar a Kaminiek*.

[5]) *Nauka F.* bei Skimb. p. 70 No. XXXVI.

[6]) Das. p. 45 No. VI.

Traume?) die Worte gesprochen: „Sieh', wohin ich nicht gehen kann, wird es dir leicht werden zu gelangen, wenn du dich nur nicht dagegen stemmst"[1]). Er schwindelte auch vor, der Prophet Elia sei ihm erschienen und habe ihm befohlen, nach Polen zu gehen; endlich rühmte er sich noch, ein Schutzengel habe ihn auf seiner Reise nach Polen begleitet, den sein eigener Vater ihm nicht habe erklären können[2]). Es wird wohl der Wahrheit am nächsten kommen, dass Frank in der Türkei keinen Anklang gefunden hat, nicht einmal unter seinen Bekenntnissgenossen, den Donmäh. Und eine Rolle wollte er spielen; das war sein Ehrgeiz. Da er keine Unterthanen hatte, wollte er Anhänger haben, und zwar ihm blindlings gehorsame Anhänger, die ihn zugleich als Fürsten verehren sollten.

Seine Sehnsucht nach Polen zu gehen muss indess nicht gar zu stürmisch gewesen sein; denn er hielt sich, wenn wir seinen Worten glauben sollen, noch ein und ein halbes Jahr hier und da in der Wallachei, Moldau und Ungarn auf, am längsten wohl in Bukarest[3]), warf seine Netze aus und fing auch einige Seelen. Die Mittel für seine Propaganda waren Geld und Blendwerk. Denn andere Mittel standen ihm nicht zu Gebote. Er hatte nicht die schöne und imposante Gestalt seines Vorgängers Sabbatai Zewi, war im Gegentheil recht hässlich. Diejenigen, die ihn im Alter gesehen haben[4]), entwerfen keine schmeichelhafte Schilderung von Frank: „Von Gesicht war er hässlich und pockennarbig ... nahmen die hässlich strengen und kalten Züge einen freundlichen Ausdruck an, so erregten sie Furcht und Schrecken". Auch seine Sprache war weder schön, noch herzgewinnend; er sprach leise, kaum vernehmbar[5]). Er verstand wohl deutsch, italienisch, türkisch und wallachisch (das Polnische hatte er während seines Aufenthaltes in der Türkei vollständig vergessen); aber sprechen konnte er nur den sogenannten fränkischen Jargon, d. h. die gemischte Sprache der

---

[1]) Das. p. 46 No. VII.
[2]) Bei Skimb. das. p. 7 und *Nauka Franka* das. p. 51.
[3]) Das. p. 6. Bei Emden I p. 83a heisst es: ותהא מבוקרעשט.
[4]) Schenk-Rinck a. a. O. S. 11.
[5]) Siehe oben S. 12 Anmerk. 2.

portugiesischen Juden in der Türkei. Er führte daher einen Dollmetscher mit sich[1]). Er war also nicht im Stande, durch geistige Mittel, Ueberzeugung, Sympathie oder auch nur durch sophistische Ueberredung zu wirken, sondern nur verarmte und verdummte Personen durch Geld und wunderthäterische Schwindeleien anzulocken. In der Wallachei, Moldau und in den angrenzenden ungarischen Landstrichen war aber kein Boden für die sabbatianische Propaganda. Es gab in den dortigen jüdischen Gemeinden nur Wenige von dieser Sekte.

Wenn Frank mit sich einig war, vermöge der sabbatianischen Mystik eine Rolle zu spielen — und er hatte einen eisernen Willen, den einmal gefassten Plan mit allen Mitteln durchzuführen — so musste sein Blick von selbst auf Podolien fallen, wo, wie gesagt, in verschiedenen Gemeinden von Laskorun im Süden bis Lemberg und Brody im Norden und von Szargrod im Osten bis Nadworna im Westen, sabbatianische Ketzer ihr Wesen im Geheimen trieben. Eine tiefgehende Spaltung, welche gerade in dieser Zeit unter den Juden Polens ausgebrochen war, mochte Frank für seine Agitation günstig scheinen. Jonathan Eibeschütz, Oberrabbiner der drei Elb-Gemeinden, Altona-Hamburg-Wandsbeck, einer der scharfsinnigsten Talmudisten, aber befangenen Geistes, war von fast sämmtlichen deutschen Rabbinen der sabbatianischen Sektirerei in Folge einiger von ihm ausgestellten Zauberzettel (*Kamiot*) beschuldigt worden. In Deutschland ohne nachhaltigen Anhang und beim König von Dänemark (als Herzog von Holstein) der Ketzerei angeklagt, suchte Eibeschütz in Polen Schutz, wo er Verwandte und viele Bewunderer seiner scharfsinnigen Lehrweise hatte. Aber auch seine Gegner hatten in Polen viele Anhänger. Die Frage, ob der Oberrabbiner von Altona ein sabbatianischer Ketzer sei — welche auch damals in christlichen Kreisen viel Aufsehen machte — hatte die polnischen Gemeinden in zwei Lager gespalten. In den Gemeinde-Versammlungen, Rabbinatssitzungen, auf Messplätzen und auch in den Versammlungen der sogenannten Generalsynoden der Vier-Länder wurde leidenschaftlich für und

---

[1]) Bei Skimb. p. 10.

gegen Eibeschütz gekämpft, auch mit gemeinen Mitteln agitirt, hier seine Anhänger und dort seine Gegner geschmäht, verketzert und verfolgt[1]). In Folge dieser leidenschaftlichen Spaltung regten sich die podolischen Sabbatianer von Neuem; sie glaubten oder mochten glauben, dass Eibeschütz ihr Gesinnungsgenosse sei, und sie sich an ihn würden anklammern können[2]) Auch Frank scheint diese Hoffnung gehegt zu haben, unter Eibeschütz' Parteigängern zahlreichen Anhang zu finden. Daher näherte er sich der polnischen Grenze, dem Landstrich Podolien (Nov. 1755[3]), mit zwei sogenannten Rabbinen Mose und Nachman und einem intimen Diener Matthaeus (Mateusz), von dem er sagte, er sei für ihn dasselbe, was Nathan Ghazati für Sabbataï Zewi gewesen ist[4]), d. h. sein prophetischer Inspirator. Ein Strassenräuber war sein Wegweiser.

Sobald Frank in Podolien eintraf, und die Sabbatianer Kunde davon erhalten hatten — sie scheinen mit ihm vorher in irgend welcher Verbindung gestanden zu haben — luden sie ihn ein, ihre Wohnplätze zu besuchen, und er fing an Rundreisen zu machen[5]), um seine Theorie zu verbreiten, wenn man den blasphemirenden Blödsinn so nennen will. Was lehrte er? Allerdings eine Dreieinigkeit, aber nicht die christliche, sondern die sabbatianische, von den drei Personen in der Gottheit, dem heiligen Uralten, dem heiligen König oder dem vergöttlichten Messias und der weiblichen

---

[1]) Siehe darüber Graetz, Geschichte der Juden B. X letztes Kapitel.

[2]) Mehrere Briefe aus Polen an Emden wiederholen, dass die podolischen Sabbatianer sich an Eibeschütz angeklammert haben (s. Emden I Anf.).

[3]) Beilage 8. XXVIII: *Cum vero anno 1755 m. Novembri in Podoliam venit ex Turcia Frank Lebowicz, sane peritus doctrinae Cabbalisticae, minimus ad illum secrete quosdam* etc. Ebenso bei Skimb. p. 6. „Er kam nach Podolien im Nov. 1755 als antitalmudistischer Jude". Wenn es in der *Nauka Franka* (das. p. 60 No. XXII) heisst: er sei im Jahre 1756 nach Polen gekommen, so liegt dem ein Missverständniss zu Grunde. In den franklistischen Erinnerungen wird stets das jüdische Jahr = aera mundi gebraucht (vergl. weiter unten). Nov. 1755 entsprach dem jüdischen Jahr 5416, was, wenn man die Differenz der Jahresanfänge nicht beachtet, auch mit dem christlichen Jahr 1756 wiedergegeben werden kann.

[4]) *Nauka F.* das. p. 70, 71.

[5]) Beil. 8. XXVIII: *Hic . . obire coepit urbes et oppida propagando ubique hanc Cabalisticam doctrinam, Deum scilicet esse unum in Trinitate.* Bei Skimb. p. 7.

Person (der *Schechina*). Das mochte den podolischen Sabbatianern bekannt gewesen sein. Eine neue Offenbarung brachte ihnen Frank, dass er sich selbst als den Messias, als den durch Metempsychose wiedergeborenen Berachja (s. o. S. 14) und folglich als den auf Erden erschienenen Gottmenschen andeutete[1]). In den lauten Gebeten, die er noch immer im jüdischen Ritus mitmachte, fügte er bei der Nennung des Gottesnamens hinzu: „der Ewige, mein heiliger Vater". Diese Eröffnung machte er nur den Vertrauten, dem Vulgus gab er sich einfach als Gottgesandten aus. Er fand alsbald unter den sabbatianischen Kabbalisten, Phantasten, Müssiggängern, Armen und Schwindlern einen zuvorkommenden Glauben. Diesen hat er durch allerlei Blendwerk von Wunderthätigkeit bei ihnen erzielt und erhalten. Sie sahen oder glaubten zu sehen, wie ein Licht über seinem Haupte gleich einem Sterne erglänzte und sich ausbreitete. Das soll er, wie eine Erinnerung tradirt, durch eine Art Spiegel hervorgebracht haben. „Als einst Rabbi Mardochai zu mir sprach: Jakob, zeige deine Kraft! stieg ich auf eine Eichentreppe, und jeder Tritt meines Pantoffels war in Holz ausgedrückt", das erzählte er selbst. Auch die Zukunft verkündete er ihnen. Mit einem Worte, Frank Lebowicz trieb allerlei Schwindel und Betrügerei, um die

---

[1]) Beil. S. XVI: *Quest' uomo (Frank) sia il novello Messia disceso in terra*, vergl. Skimb. p. 7. Er sprach es geradezu aus: „mein Name ist Adonai" *Nauka F.* p. 69. Ein anderes Mal sagte er: „es gäbe drei Götter und einen vierten Gott der Götter, von dem er gesandt sei. Er sei höher als Moses, Salomo und Christus." Das. p. 49 No. XV. Dazu der Bericht des Abraham Szargrod (bei Emden III): והסיחם (פרענק) להאמין בו שהוא סמלא מקומו של ברחיע שרצה לגאל את ישראל הוא פרענק גלגולו של ברחיע. Berachja ist auch in der *Nauka Franka* erwähnt p. 72 No. XXXVII. Hierher gehört auch das, was Niebuhr erzählt (s. a. O. S. 19): „Auch ein Rabbi aus Polen ward zu Salonyk ein Anhänger des Barochia und breitete dessen Lehren nachher in seinem Vaterlande aus". Ohne dass er genannt ist, erkennt man in diesem „Rabbi von Polen" Frank. Von ihm ist auch in einem Briefe von Karl Lessing an seinen Bruder die Rede. Bei Gelegenheit der Lavater'schen Herausforderung an Mendelssohn schrieb K. Lessing (d. d. Oct. 1769): „Moses wird Lavatern . . beweisen, dass die Schwärmereien eines polnischen Juden, welcher sich vor einigen Jahren für den Messias ausgab, eben so zu rechtfertigen wären" (Lessing's Werke ed. Lachmann B. 13, S. 196). Es ist Schade, dass Mendelssohn diesen Beweis schuldig geblieben ist, wir hätten daraus etwas über Frank erfahren können.

podolischen Sabbatianer an sich zu fesseln¹). Auch Weibergemeinschaft lehrte er seinen Anhängern und zwar eine noch viel scheusslichere, als sie bis dahin getrieben hatten, sogar mit Blutsverwandten. Seine Bewährung deutete er durch typologische Interpretation von Bibelversen, besonders solchen, worin der Name Jakob vorkommt. Der Vers, den die Juden beim Eintritt in die Synagoge zu recitiren pflegten: „wie schön sind deine Zelte, Jakob", bezöge sich auf ihn. Sie, die podolischen Sabbatianer, habe der Herr gerade vierzig Jahre in der Wüste wandern lassen (d. h. seit dem Auftreten ihres ersten Meisters Chajim Malach um 1716), dann habe er ihn zu ihnen gesendet²). Vorzüglich war das Geld, das sich Frank stets zu verschaffen wusste, ein Lockmittel für die grösstentheils armen Sektirer in Podolien.

Solchergestalt wurden die Sabbatianer in Polen in Frankisten verwandelt. Sie verehrten ihren Führer nicht bloss als Messias, sondern beteten ihn als einen Gott, als die Fleisch gewordene Gottheit an. Sie, besonders die Auserwählten (denn den Tross hielt er von sich fern), pflegten sich einige Tage in der Woche um ihn zu versammeln, Psalmen zu singen und ein Gebet an ihn zu richten³). Die hebräische Gebetformel, die man später bei ihnen gefunden hat, scheint Frank aus dem Kreise der Salonicher Sabbatianer, welche jüdisch-spanischer Abkunft waren, mitgebracht zu haben. Denn sie enthält auch spanische und türkische Wörter. Der Hauptinhalt dieses Gebetes ist: dass Sabbataï Zewi der wahre Messias und die Gottheit sei, welche in die irdische Welt herabgestiegen, die niedere Thora (das Gesetz, das Judenthum) aufgehoben und

---

¹) Beilage S. XVI: *Varj preteri miracoli operati dal Frenk*; (das.) *preteri prodigj operati da lui, che tengono per il Messia*; das. S. XXIX: *animadvertimus quod quae praedicerit futura (Frank), ea semper consequerentur . . vidit noctu supra eundem lumen olim Saloma Rochotinski*. Vergl. dazu, was Abraham Szargrod referirt (bei Emden): היה מדמה להם ששלהבת אש ירוקה סובבת אותו (פרענק) תעל ראש ענול אופן כדמות לבנה מחפצץ מאש כן היה נראה לכל. *Nauka F.* bei Skimb. p. 60 No. XXII u. p. 7.

²) *Nauka* das. p. 60. Ueber die Typologie von Jakob s. weiter unten öfter.

³) Beil. S. XIV: *Hanno per costume in alcuni giorni della settimana di recitare come si suppone salmi nel loro nazionale linguaggio in faccia del Frenk etc.* Das. S. XVI: *hanno verso di lui praticato qualche sorta di culto etc.*

dafür eine höhere Lehre gegeben habe¹). Man darf dabei nicht
ausser Acht lassen, dass dieses Gebet, wenn auch an den Pseudomessias von Smyrna gerichtet, sich doch auch auf seine Nachfolger
bezieht, eben so gut auf Frank, wie auf Querido und seinen Sohn
Berachja, in denen Sabbataï wiedergeboren sei²); auch Jesus sei in
Frank verborgen gewesen, lehrte er³).

Nachdem Frank bereits längere Zeit die Städte in aller Heimlichkeit bereist hatte, in denen Sabbatianer weilten, von Südpodolien
bis Lemberg, sie um sich geschaart und von ihnen als Messias und
incarnirter Gott anerkannt war, kam ihr Treiben an den Tag. Sie
wurden eines Tages bei einem mystischen Akt überrascht. Es geschah in Laskorun⁴). Worin die Ueberraschung bestand, wird
zwar von verschiedenen Berichterstattern en détail referirt, kann
aber schon deswegen nicht als historisch zuverlässig angesehen
werden, weil selbst die feindlichen Berichte in einigen nicht unwesentlichen Punkten einander widersprechen. Die Frankisten sollen
um ein halb nacktes Frauenzimmer mit Gesang wie Rasende getanzt
haben; dieses Frauenzimmer sei — eine Jungfrau (nach der einen
Quelle), die Frau des Rabbiners (nach der andern) — mit einem

---

¹) Die Gebetformel Beilage No. VI.

²) Daher war den Frankisten die Seelenwanderung so wichtig (Beil. S. VII):
Tra gli Ebrei de Turchia ri sia diffuso l'errore de' Metempsicosisti. Auch F. lehrte
die Seelenwanderung *Nauka* p. 74.

³) Beil. S. XXV: *Christum, in quem credimus, absconditum sub persona Frank
latere, ducis nostri.* Auch bei Skimb. p. 26; der Verf. hat diesen Passus nicht verstanden, weil er die Theorie der Sabbatianer nicht kannte.

⁴) Beil. S. XXIX: *Cum idem Frank .. iter dirigeret Lanckoron, praedixit . . .
facturos nos periculum . . . haec calamitas nobis accidit.* Der Bericht darüber bei Emden I p. 76b: תחלת קלקלם היה בקהל קטן לאסקרוניא ששם בא תהלה הארור פרענק
תפלו עליו סוד תעלולי לראש ולקצין ... und bei Emden III, nur ist da ungenau
Ssorgord als Ort der Ueberraschung angegeben. Die Angabe von Frank: Siehe
bei Skimb. p. 11, 12. Die Zeit ist bei E. III genau fixirt: כימי העומר = zwischen
Ostern und Pfingsten. Dafür spricht auh das Zeugenverhör, das datirt ist: א' סוך
חקט"ו = Juni 1756 und der darauf folgende Bann in Brody d. d. 20. Siwan. Am
26. Elul 1756 (ש' וישר) berichtet Emden's Correspondent bereits über die Vorgänge,
und dass einige Frankisten vom Bischof in Fesseln gelegt worden sind: ויש מדן
שנלקחו בכבלי ברזל להארץ (bei Emden I p. 2 No. 3). Dagegen setzt Skimb. den
Vorfall in Laskorun 27. Januar 1757.

Ornamente, wie die Thorarollen, geschmückt gewesen und von den Tanzenden wiederholentlich in mystischer Andacht geküsst worden. Von dem Gesang und Geräusch herbeigelockt, wollen mehrere Zeugen durch eine Fensteröffnung diesen orgiastischen Gottesdienst wahrgenommen haben. Beim Versuch der Zuschauer, einzudringen, um diese seltsame Scene in näheren Augenschein zu nehmen, hätten sich die Frankisten eiligst zerstreut. Die Vorgänge bei der Ueberraschung sind natürlich den nahen und fernen Gemeinden bekannt gemacht worden[1]). Die Frankisten gaben über diesen Vorfall Folgendes zu Protokoll: In Laskorun habe an einem Jahrmarktstage einer ihrer Genossen, ein Gastwirth, für Frank mit noch zwanzig Personen heimlich einen Conventikel veranstaltet. Er habe das Eingangsthor zu seinem Hause verrammelt, damit Frank's Anwesenheit nicht verrathen würde. Dieser habe seinen Anhängern befohlen, ein Sohar-Lied laut zu singen. Dadurch seien heimische und fremde Juden, welche den Jahrmarkt besucht haben, herbeigelockt worden. Einige haben das Haus umringt und Andere beim Magistrat eine Anklage gegen Frank erhoben: dass er, ein Ausländer, die Juden zum mohammedanischen Glauben zu verführen und sie zur Auswanderung zu bewegen beabsichtigte, und dass er mit seinen angeworbenen Anhängern in fleischlicher Vermischung wie die Adamiten lebte. In Folge dessen sei der Bürgermeister mit den Polizeileuten eingeschritten, habe Thor und Thüren zum Gasthaus des frankistischen Wirthes eingeschlagen und die ganze Versammlung unter Hohn und Misshandlung von Seiten der Juden in's Gefängniss geführt, wobei Frank einen kostbaren Ring, eine Uhr und 80 Dukaten eingebüsst haben will. Er selbst musste auf Verwendung der anwesenden türkischen Fremden, als Türke, schon am andern Tage freigelassen werden. Die mitgefangenen podolischen Frankisten dagegen wurden auf Befehl des Bischofs Dembowski von Kamieniec Podolski, dem die Sache unterbreitet worden war — noch 14 Tage in Gewahrsam gehalten. Das war der erste Ausbruch der Animosität zwischen den Frankisten und ihren Gegnern, welche trübselige Folgen hatte. Die Frankisten gaben also

---

[1]) Bei Emden I das. und II.

auch zu, dass sie in Laskorun eine geheime Zusammenkunft hatten, und was ihr Liedersingen zu bedeuten hatte, wissen wir bereits und werden es noch mehr erfahren.

Thatsache ist es, dass in Satanow (etwa 6 deutsche Meilen nördlich von Laskorun) ein Zeugenverhör vom Rabbinate über das Treiben der Frankisten aufgenommen wurde (13. Siwan = 11. Juni 1756). Einige derselben klagten sich selbst der scheusslichsten Laster an und legten unter Zerknirschung und mit einem Thränenstrome Geständnisse ab, Andere sagten sie von namhaften Mitglieder dieser Sekte aus. Nach diesen in Form eines Protokolls gehaltenen Aussagen hätten die podolischen Sabbatianer nicht nur den Sabbat verletzt und verbotene Speisen mit einem gewissen wilden Trotz genossen, sondern auch Ehebruch und zwar mit ausdrücklicher Erlaubniss der Ehemänner getrieben. Einige klagten sich selbst und Andere des Incest an. Die ganze Familie Schor, der alte Elisa aus Rohatyn und seine Tochter Chaja wurden als Mittelpunkt des unzüchtigsten Wandels dargestellt, und dabei hiess es, dieses Treiben habe mit der Ankunft Frank's seinen Höhepunkt erreicht[1]). Dass die Mystik dabei eine Rolle spielte, folgt aus dem eben Auseinandergesetzten und wird im Zeugenverhör ausdrücklich hervorgehoben. Dieses hässliche, fast unglaubliche Factum von mystischen Orgien der Frankisten, von diesen straff geleugnet, von ihren Gegnern behauptet, wird durch den Umstand entschieden, dass viele Frauen der Frankisten, als sie durch das Zeugenverhör entlarvt waren, mit ihren Männern nicht mehr leben mochten und lieber die härteste Pein erduldeten, um nicht mehr zu ihnen zurückzukehren[2]). Daher mag es gekommen sein,

---

[1]) Siehe das Zeugenverhör bei Emden I; daselbst heisst es öfter: die Unzüchtigkeiten hätten alles Maass überschritten, nachdem Frank in Podolien eingetroffen war: לאחר ביאת פרענק. So heisst es von dem alten Elisa: אפילו הוקן ונה בה (בכלחו) לאחר ביאת הפרענק.

[2]) Beil. 8. XXIV: *Loquuntur enim acta Consistorii Camenecensis Podoliae quo calumniarum genere accusati coram .. Nicolao a Dembowo Gora Dembowski .. episcopo .... comparuimus ... quibus non foedis criminationibus denigrati etc.* Ebenso die gedruckte polnische Petition (o. S. 8.): „Unsere Gegner erhoben gegen uns .. ihre Hand und klagten uns unerhörter Vergehungen vor dem Kirchenstuhle des Bischofs Mikolai Dembowski an". Schreiben bei Emden I p. 4a: הנשים אשר ברחו מהם המתודות על עתם הנה צעקה עד מעשדים המתענים; vergl. darüber weiter unten und bei Skimb. p. 11.

dass es wenig frankistische Frauen gegeben hat, d. h. solche, welche der frankistischen Mystik huldigten[1]). Der keusche Sinn der jüdischen Frauen mochte ihnen Ekel an der orgiastischen Verwilderung eingeflösst haben.

Die polnischen Rabbinate, welche durch die Zeugenaussagen und Selbstanklagen einiger Frankisten von der Schädlichkeit dieser Sekte überzeugt waren, stellten ein unerbittliches Verfolgungssystem gegen sie an. Diejenigen, welche als Frankisten oder Sabbatianer erkannt waren und ihre Ketzerei nicht abschworen, wurden bei den weltlichen Tribunalen oder bei dem Woywoden von Podolien als arge Missethäter, welche göttliche und menschliche Gesetze zu übertreten für eine mystische Pflicht hielten, denuncirt und überliefert.

Nächst der Anklage gegen die Frankisten bei den polnischen Behörden legten sie die Rabbinen und Gemeindevorstände, wie zu erwarten war, in den allerherbsten Bann, oder vielmehr sie schlossen sie aus der jüdischen Gemeinschaft vollständig aus. Zuerst wurde der Bann in Brody öffentlich in der Synagoge (20. Siwan = 13. Juni) über alle Diejenigen verhängt, welche an den Pseudomessias Sabbataï Zewi, an dessen Propheten Nathan Ghazati und an Berachja glaubten und nicht Reue zeigten. Sie sollten weder zum Rabbinats- noch zum Vorbeteramte, noch zu sonst irgend welcher religiösen Funktion zugelassen werden; ihre Ehefrauen und Töchter sollen als Prostituirte und ihre Kinder als im Ehebruch erzeugte Bastarde angesehen werden. Jeder Jude wurde ermahnt, die heimlichen Sabbatianer oder Frankisten anzugeben und ihre Unthaten aufzudecken. Dieser feierliche Bann wurde auch in den Gemeinden Lemberg, Luzk, Dubno und anderen Städten ausgesprochen und zuletzt von der officiellen Synode der Vier-Länder, die in

---

[1]) Im Jahre 1845 hat ein Anonymus (Prof. Wessely in Prag) in der Zeitschrift für historische Theologie von Illgen und Niedner (Heft III S. 136 fg.) die begeisterte Homilie eines Frankisten abgedruckt über die Vortrefflichkeit der frankistischen Sekte. Sie ist einem voluminösen Manuscript entnommen, enthält aber sehr wenig Historisches. Interessant ist nur darin die Bemerkung, die der Verf. seinem Freunde schreibt: „Du bist so glücklich, eine Gläubige (מאמנית) zur Frau zu haben, was so selten unter uns ist" (das. S. 149).

Constantinow tagte, bestätigt¹). Gegen Frank, den Verführer, war der Eifer am meisten entzündet. Es wurde allen Juden untersagt, ihn in's Haus aufzunehmen, ihm Lebensmittel zu verkaufen und sogar Futter für sein Gespann zu verabreichen²).

Eine Maassregel, welche von den Rabbinaten bei dieser Gelegenheit eingeführt wurde, zeigt, dass sie zwar die Wurzel kannten, aus welcher dieser ketzerische Schwindel emporgewachsen war, aber nicht Consequenz genug besassen, sie vollständig auszuroden. Das Buch Sohar und die kabbalistische Literatur war die Basis, auf welche die sabbatianische oder frankistische Theorie aufgerichtet war; der Sohar wurde von ihnen der Bibel und dem Talmud entgegengesetzt. Die polnischen Rabbinen verboten daher Jüngeren unter dreissig Jahren, den Sohar, und was dazu gehörte, zu lesen, und auch im späten Alter Solchen, welche sich nicht vorher mit der talmudischen Literatur vertraut gemacht haben³). Es war Zeit, diese Wucherpflanze zu vertilgen. Zwei Jahrzehnte vorher, während der Aufregung in Folge des mystischen Dusels von Mose Chajim Luzzato, der aus derselben Quelle seine Nahrung gezogen hatte, war von dem zelotischen Ketzerverfolger Mose Chages und dem Rabbinate von Altona-Hamburg der Vorschlag gemacht worden, das Studium der Kabbala zu beschränken; sie fanden aber von allen Seiten Widerspruch⁴). Die Mystik wurde von den Vertretern des Judenthums so lange gehegt, bis sie sich fanatisch feindselig gegen das Grunddogma desselben kehrte.

---

¹) Der Hauptverfolger scheint Chajim Kohen Rapaport, Rabbiner von Lemberg, gewesen zu sein (bei Emden das.): הרב מה׳ וחיים אב״ד דק״ק לבוב עמד. עם כמה אנשים סכת ש״ץ לפני הבישוף הנו לו רשות להתירסם ולקרום לבית הסתר Siehe die Bannbulle bei Emden das. p. 8b und p. 2b.

²) Bei Skimb. p. 11.

³) Bei Emden das. I p. 8b: גם גזרו שלא ללמוד ספר הזוהר ושום ספרי הקבלה הן ברפוס הן בכתב קדם שימלאו שלשים שנה אף אתר ארבעים ••• לא התר אלא מי שמלא כרשו ש״ס ופוסקים. Vergl. das Anklage-Programm der Frankisten bei Emden das. p. 44b: רק בעת בקק בראד גזרו ואסרו ללמוד (מוהר וספרי הקבלה) הכל כדי שלא חעמדו על האמה.

⁴) Emden, Torat ha-Kenaot p. 54b unten, 55b oben (versetzt).

Die podolischen Frankisten waren in Folge ihrer Entlarvung in Laskorun und der Zeugenaussage in Satanow theils eingekerkert, theils flüchtig. Ihr Antagonismus gegen die Rabbinen, gegen die Vertreter des talmudischen Judenthums, steigerte sich durch die erlittene Verfolgung zu leidenschaftlichem Hasse. Da das Vergehen, dessen sie von ihren Gegnern angeklagt waren, religiöser Natur war, so intercedirte der Bischof von Podolien oder Kamieniec Podolski Nikolaus von Dembowa Gora Dembowski und zog den Process vor sein Tribunal[1]). Schon wurde eine Art Inquisition gegen sie als angebliche Ketzer eingeleitet, als sie sich durch eine heuchlerische Erklärung aus der Schlinge zogen. Frank war der Urheber aller der bösen Rathschläge, welche Unheil über die Juden und auch über seine podolischen Anhänger heraufbeschworen, während er in Sicherheit und Behaglichkeit lebte. Er war nämlich voll von Rachgefühl gegen diejenigen, welche seine Pläne durchschauten und vereitelten und noch mehr, weil sie ihn in Gefahr brachten. Er hielt die Rache an den Feinden durchaus nicht für etwas Unmoralisches oder Verwerfliches, im Gegentheil für eine Tugend, welche die Bibel selbst empfehle[2]). Von seinem Asyl in Chocim (Bessarabien) aus, wohin er sich nach der Befreiung aus dem Kerker begeben hatte, liess er den gefangenen Anhängern zustecken, sie sollten der christlichen Behörde zweierlei erklären: dass sie an eine Dreieinigkeit glaubten, und dass sie den Talmud verwerfen, weil er voller Irrthümer und Blasphemien sei[3]). Da diese Schelmerei Anfangs bei den Gefangenen keinen Anklang fand, kam er mit einigen heimlichen Anhängern in einem Städtchen Kopyczyn (Galizien, nördlich von Czortkow) zusammen und rieth ihnen, dass sich zwanzig oder dreissig von ihnen in aller Eile zur Taufe melden sollten, um desto nachdrücklicher ihre Gegner denunciren und verfolgen zu können. Die Juden hatten aber von dieser geheimen Zusammenkunft Wind bekommen, rotteten sich zusammen und brachten Frank mit seinen Leuten in's Gefängniss[4]). Da den Frankisten kein anderer Ausweg

---

[1]) Beil. S. VI, S. XXVI, gedruckte polnische Petition: o. S. 8.
[2]) Nauka F. p. 53 No. XVII.
[3]) Bei Skimb. p. 13.
[4]) Das. und Beil. S. XXIX: *Contrusus vero in carcerem . . . Kopycin etc.*

blieb, so entschlossen sie sich zu diesem verrätherischen Plane und gaben zu Protokoll, dass sie sich lediglich vom rabbinischen Judenthum, vom Talmud losgesagt hätten, eben weil dieser die Lehre Mose's gefälscht habe, sie hielten sich vielmehr an den Sohar, welcher ein treuer Interpret derselben sei. Der Sohar lehrte drei Personen in der Gottheit, eine Art Dreieinigkeit, somit ständen sie der Kirche sehr nah, und darum würden sie von den Talmudisten verfolgt. Sie nannten sich **Sohariten, Kabbalisten** und geradezu **Contratalmudisten** und behaupteten: die Unverträglichkeit zwischen Talmud und Kabbala sei uralt. Die Urheber der Letzteren, **Simon b. Jochaï** und **Jonathan b. Uziel**, hätten vor langer, langer Zeit — gar noch in der vorchristlichen Zeit — die falsche Interpretation des Talmud bekämpft und verworfen[1]). Sie, die Frankisten, die Contratalmudisten, bildeten daher keineswegs eine Sekte, sondern seien unter der Fahne des Sohar von Simon b. Jochaï den Talmudisten mindestens ebenbürtig. Es kam diesen betrogenen Betrügern auf eine Unwahrheit mehr oder weniger nicht an. Das Gewichtigste in ihrer Aussage vor dem geistlichen Tribunal war, dass auch sie eine Dreieinigkeit und die Menschwerdung Gottes bekannten. Der Bischof Dembowski von Kamieniec begriff sofort die Wichtigkeit dieses seltenen Casus für die Verherrlichung der Kirche. Ohne weiter das Dogma der Frankisten zu untersuchen, ob ihre Trinitäts- und Incarnationslehre die katholische decke, erklärte er sie für unschuldig an den ihnen zur Last gelegten Vergehungen und Ketzereien, liess die Gefangenen durch seinen Commissarius in Freiheit setzen und gestattete ihnen, sich in der Nähe von Kamieniec anzusiedeln und nach ihrem Bekenntnisse frei zu leben und zu lehren[2]). Sein Hintergedanke war, sie, welche der Kirche — nach ihrer Angabe — so nahe stünden, vollständig hineinzu-

---

[1]) Beil. S. XXXI: *Contratalmudistae gloriantur adhuc ante adventum Messiae se oppositos fuisse Talmudistis ... quod sicut eorum antesignani fuerunt Rabbini* Simon Johai *et alter* Jonathas Urielis (Usielis) *filius, auctores libri . . Zohar; adhuc ante adventum M. devenientes in mysterii Trinitatis Summae cognitionem etc.* Bei Emden I p. 4b:
ויקרין את עצמן קאבליסטען שיאמרים שעושים את הכל על פי הקבלה.

[2]) Beilage an mehreren Stellen und polnisch-gedruckte Petition; bei Emden das. p. 79; bei Skimb. p. 13.

ziehen. Ein Hauptmanöver der Frankisten war — und es scheint ihnen von ihrem Führer inspirirt worden zu sein — ihre Zahl zu vergrössern. Nicht Hunderte, sondern Hunderttausende unter den Juden, nicht nur in Polen, sondern überall in Europa und Asien theilten ihr Bekenntniss. Es mochte daher dem Bischof von Podolien als eine verlockende Aussicht erschienen sein, die Juden endlich vermittelst der Kabbala in den Schoss der Kirche eintreten zu sehen oder erforderlichen Falls hineinzuziehen. Er liess sich gern täuschen. Frank war heimlich in Kamieniec[1]), ohne Zweifel am Hofe des Bischofs, und gab den Aussagen seiner Anhänger vollen Nachdruck.

Kaum aus dem Kerker befreit und rehabilitirt, verwandelten sich die Verfolgten sofort in Verfolger ihrer Gegner. Sie hatten keinen anderen Gedanken, als an ihnen durchgreifende Rache zu nehmen und gegen den Talmud, sowie gegen die Talmudisten den Fanatismus der katholischen Geistlichkeit aufzustacheln. Auf Befehl ihres Meisters kamen die angesehensten Frankisten in Rohatyn zusammen und beriethen einen Plan, wie sie ihr Bekenntniss in's Licht setzen und ihre Gegner verfolgen wollten[2]). Sie behaupteten fortan mit frecher Stirn: der Talmud lehre geradezu, es sei religiöse Pflicht der Juden, Christen umzubringen und deren Blut zu gebrauchen. Alles Gehässige, das im Talmud gegen heidnische Römer und Griechlinge — aus politischem Antagonismus, ein Nachhall der erbitterten Kämpfe gegen den römischen Despotismus — enthalten ist, das Alles sei auf die Christen gemünzt[3]). Die Blutanklage wegen Christenkindermordes, in Polen bis dahin eine äusserst

---

[1]) Bei Skimb. p. 7.
[2]) Bei Skimb. p. 13, 14.
[3]) Beil. S. XXVII: *Thalmudus docet sanguine Christianorum egere, et qui credit in Thalmudum, tenetur eo indigere.* Auch die polnische gedruckte Petition: „Wir wollen beweisen, dass sie (unsere Gegner, die Talmudisten) unschuldiges Christenblut in noch viel schlimmerer Weise als die Heiden vergiessen, danach gelüsten und davon Gebrauch machen". Bei Emden I Anfang: ובזו ולעגו על דברי התלמוד הוסיפו אנשי בליעל וכתבו שטנה על התלמוד מסקומות הנאמרים על עובדי כוכבים וםלות כי כתבם על האומות אשר אנחנו היום שוכנים בתוכם. Diese Relation ist enthalten in einem Schreiben des Synodalpräsidenten Abraham Kohen von Samosé d. d. 3 Tebet 5517 = 26. Dec. 1756. In dieser Zeit, also etwa ein halbes Jahr nach der Entlarvung der Frankisten, traten sie bereits mit ihren Anklagen auf; vergl. oben S. 26 Note 4.

seltene Erscheinung, wurde von Juden der Abstammung nach, von Quasi-Rabbinen erhoben und erhielt dadurch um so mehr Gewicht. Vergebens hatten gelehrte Christen wie Wagenseil, Wolf und Andere evangelischerseits, und katholischerseits sogar manche Päpste diese Beschuldigung als eine freche Lüge gebrandmarkt. Sie fand, unter diesen Umständen von Neuem aufgeworfen, in Polen Glauben. Alsbald wurden christliche Kinder vermisst und die Schuld auf Juden geworfen. In Jampol (Podolien), in der Nähe des Ansiedelungsplatzes der Frankisten, wurden einige Juden dieses Verbrechens angeklagt und in schwere Haft gebracht[1]). Weiter drangen die Frankisten in den Bischof Dembowski, den sie bereits vollständig gegen die Talmudisten eingenommen hatten, dass er eine Disputation zwischen ihnen und ihren Gegnern veranstalten möge. Sie machten sich anheischig, dieselben zu beschämen und einerseits zu beweisen, dass der Talmud voll Irrthümer sei und lauter Hass gegen die Christen athme, und andererseits dass der auch von ihren Gegnern anerkannte Sohar die reine Lehre des Judenthums enthalte und die Dreieinigkeit, sowie die Menschwerdung der Gottheit lehre. Gerade in dieser Zeit wurde das Erzbisthum von Lemberg vakant und Dembowski zum Erzbischof ernannt. Er glaubte seine neue Würde nicht glorreicher einweihen zu können, als wenn er durch ein Religionsgespräch das Bekenntniss der Trinität und der Incarnation aus dem Munde von Juden bestätigen liesse, was ihm wie der Kirche einen Triumph bereiten könnte. Er schrieb daher eine Disputation zwischen den Talmudisten und Antitalmudisten in Kamieniec (auf den 20. Juni 1757) aus[2]) und forderte die Rabbinen auf, sich bei Vermeidung von Geldstrafe dazu einzufinden, ihren Gegnern Rede zu stehen und deren Anschuldigung gegen den Talmud zu widerlegen oder sich für überwunden zu erklären. Es war ein Gewissenszwang der schärfsten Art, den Rabbinen zuzumuthen, sich gewissermaassen auf die Anklagebank zu setzen und das Jahrtausend alte Judenthum gegen eine Handvoll Verworfener zu vertheidigen. Und wie sollten sie in Gegenwart der Vertreter der Kirche das

---

[1]) Bei Emden das. I p. 2b No. 4.
[2]) Skimb. p. 13.

Dreieinigkeits- und Menschwerdungs-Dogma angreifen! Es war den Rabbinen weh zu Muthe; auch fiel es ihnen überhaupt schwer, mit ihrer Mischsprache, die weder polnisch, noch deutsch, noch hebräisch war, zusammenhängend und klar zu sprechen.

Die Verlegenheit der Rabbinen kannten die Frankisten recht gut, und eben desswegen drangen sie um so mehr auf die Disputation, um an ihren Feinden eine kitzelnde Schadenfreude zu haben. Sie arbeiteten zur Vorbereitung dazu ein Programm aus, das an Schlauheit, Verbissenheit und Heuchelei wenig Seitenstücke haben dürfte. Es enthielt acht oder neun Punkte, in einem widerlich mystisch-christelnden Style, zugleich eine Art Glaubensbekenntniss und eine Anklageschrift gegen die Talmudisten. Diese Punkte enthielten *in nuce* Folgendes: 1) Der wahre Israelite soll nicht bloss Gott lieben und verehren, sondern auch trachten, dessen innerstes Wesen zu erforschen und zu erkennen. 2) Die Thora und die Propheten haben zwar den Zweck, das wahre Wesen Gottes zu offenbaren, aber sie sind so voll von Dunkelheiten und Mysterien, dass, um sie zu verstehen, ein tiefer Blick und eine Begnadigung von oben dazu gehöre. 3) Der Talmud will zwar auch Thora und Propheten auslegen, allein er sei voll von Abgeschmacktheit, Lügen und Widersinn gegen die Thora selbst. Er verpflichte seine Anhänger geradezu, Solche, die an Christus glauben, nicht bloss zu betrügen, sondern auch umzubringen[1]). Sie dagegen hätten eine andere Auslegungsquelle, den Sohar, der ihnen die Mysterien Gottes eröffne. 4) Sie, die Frankisten, glauben zwar an einen einzigen Gott und Weltschöpfer, der die Vorsehung über das Grösste und Kleinste ausdehne; aber 5) sie glauben auch, dass dieser Gott aus drei Personen (*Parzufin* = πρόσωπα) bestehe; darauf weisen eben die

---

[1]) Das frankistische Programm, ursprünglich polnisch und hebräisch verfasst, ist in hebräischer Fassung vorhanden bei Emden I von p. 31 bis 69, verbrämt mit Emdens Widerlegung. Es ist das in der Beilage (S. XXIV unten) bezeichnete: *puncta enim doctrinae nostrae ... explicationes Thalmudum dementia.* Um dem Leser einen Begriff von der boshaften Verlogenheit der Frankisten zu geben, führe ich die Stelle gegen den Talmud an (p. 34): החלמוד רש בתוכו דברי שקר דברי בראי ומחנגדיים
נגד ה׳ ותורתו כגון : טעות גר סוחר , פירש : המאסין בשתי תורב תכל להטעיתו בטשא
ומתן סוחר · עוד גו׳ ששבח חייב מיתה , פירש : המאמין בשתי תורב ושומר שבת סוטל
עליו להרגו. Bei Skimb. sind 9 Punkte aufgeführt p. 16, 17; bei Emden nur 8.

Mysterien der heiligen Schrift hin, und der Sohar spreche es mit deutlichen Worten aus¹). „Warum, so fragen wir euch, ihr Juden, warum glaubt ihr nicht an die Dreieinigkeit, da doch die heilige Schrift und der Sohar voll davon sind?", so riefen die Frankisten in diesem Programm ihren Gegnern höhnisch zu. 6) „Wir glauben ferner, dass Gott in einen Leib eingegangen ist, gegessen, getrunken, geschlafen und andere Bedürfnisse gleich den übrigen Menschen befriedigt habe, nur das Alles ohne Sünde"²). 7) Sie glauben, dass Jerusalem nimmermehr erbaut werden würde. 8) Der Messias werde nicht eintreffen, um die Erlösung Israels herbeizuführen, sondern er werde in Fleisch wieder erscheinen, um die Seelen von der Sünde zu erlösen. 9) Gott selbst werde den Fluch über die ersten Erzeuger und in ihnen über die ganze Nation aufheben, und das werde eben der wahre Messias, Gott im Himmel, sein.

Dieses empörende Programm liess der Erzbischof Dembowski den Rabbinen einhändigen, um sich für den Kampf am Tage der Disputation in Kamieniec vorbereiten zu können. Es setzte sie in Verzweiflung. Vergebens verschwendeten die polnischen Gemeinden viele Summen, um das Religionsgespräch zu vereiteln, Dembowski blieb hartnäckig bei seinem Befehle. Aber die meisten Rabbinen unterwarfen sich lieber der harten Geldstrafe, um nicht mit ihren zugleich verhassten und verachteten Gegnern confrontirt zu werden. So viel wir wissen, fanden sich nur Wenige zum Disputatorium ein, Mendel (Menahem), Rabbiner von Satanow, Leib von Miendzyboż, der Syndikus der podolischen Gemeinden Namens Beer (Berko), Rabbiner von Jadłowiec, der sich wahrscheinlich *ex officio* stellen musste, und Jos (Joseph?) Kremenitz, Rabbiner von Mohilew. Die Frankisten waren aber stark vertreten, etwa dreissig Mann, unter denen die Führer Leib Krysa

---

¹) Ihre sophistische Beweisführung zeigt sich in ihrer Begründung der Dreieinigkeit (das. p. 38 f.): אנחנו מאמינים בחלת פרצופין שרן רא לרא בלי שם פירוד
... שבכל התורה השנה וכל הנביאים סלמדין אותנו שכן הוא האמח והוא זה : בראשית ברא אלהים ובוהר תרין גנין חד דאחיד לון ... דעירו נא לנו מדוע שלש סאם קמח ... שלש פעמים בשנה , שלש אמוח ארבו ... שלש ארחוח וכו'

²) Das. p. 48: אנחנו מאמינים שה' בא לנעמי בנוף כמו שאר בני אדם לעשות צרכי אדם לאכול ולשתות ולישן ושאר צרכי בני אדם רק בלי שום עון.

(Jehuda) von Nadworna, Salomon Schor von Rohatyn und Nachman von Busk nicht fehlten[1]). Frank war bei dieser Disputation ebensowenig anwesend, wie bei einer späteren; er soll inzwischen nach Nikopolis zu seiner Frau gereist sein[2]). Was aber in Kamieniec vorgegangen ist, blieb unbekannt; nur gestehen auch die jüdischen Quellen ein, dass der Vertreter der Talmudisten besiegt von dannen ging. Schlechte Advokaten können auch die gerechteste Sache verlieren machen. In Folge dessen galt der Talmud als verurtheilt und seine Anhänger, d. h. sämmtliche Juden, als blutdürstig, christenfeindlich, verdammenswerth. Die Rabbinen wurden aufgefordert, die gegen den Talmud erhobenen Anschuldigungen gründlich zu widerlegen oder sich den Consequenzen seiner Verurtheilung zu unterwerfen.

Diese Folgen traten sofort ein. Der Bischof oder Erzbischof Dembowski erliess ein geistliches Edikt (14. Oct. 1757) des Inhalts: Nachdem die Contratalmudisten die Hauptpunkte ihres Glaubens niedergeschrieben haben, ist es ihnen gestattet, überall mit den Talmudisten, ihren Gegnern, zu disputiren. Diese seien gehalten, jenen 5000 pol. Gulden Kostenentschädigung zu zahlen und ausserdem 154 Goldgulden zur Ausbesserung der Kathedrale in Kamieniec zu

---

[1]) Ueber die Disputation in Kamieniec (bei Emden I p. 79a): ובכלל כל מדינות פולין ... נפל פחד ורעדה בשמעם גזרת השמד שהתחילה בין המצרים חקי״ו (1. תקי״ז) וגזר הצורר הגמן דקאמעניץ גם ארצביששף דלבוב ומדינת רוסיא שיעמדו הרבנים שבארץ פולין להתוכח עם המינים של שבתי צבי והתעולל עוללות ברשע וקנס אחם סכום הרבה ... ומזרו סמך רב לבטל הגזרה הכל לא העיל. Das. p. 80a ist angedeutet, dass Dembowski diejenigen mit Geldstrafen belegt hat, die sich nicht dazu einfanden: יציב באו כומרי קאמניץ לתבוע מן היהודים שארית הקנס סך עצום שעש רצב .הבישף הצורר בשעת הגזירה את היהודים בשביל שעברו מוער הויכוח אשר הגביל להב. Die polnischen Quellen bei Skimb. p. 15, 16, wo auch die Namen genannt sind. Von der Anwesenheit des Rabbiners Beer von Jatlowiec berichtet sein Schwager Baruch Jawan (bei Emden das. p. 4): ניסי הרב מהר' בער אב״ד דק״ק יאזלוויץ שהוא נאמן דגליל פאדראליע היה האיש אשר עסר לריב ולמשפט בקאמיניץ לפני הבישוף. Die Zeit der Disputation ist bei Skimb. öfter angegeben: 20. Juni 1757, was bei Emden mit den Worten angedeutet בין המצרים d. h. zwischen Tammus und Ab. Das Jahr תקי״ו ist corrumpirt für תקי״ז, wie denn überhaupt die Datumszifern bei Emden durch den schlechten Druck öfter corrumpirt sind.

[2]) Bei Skimb. p. 10, 13.

leisten. Die Talmudexemplare sollten aufgesucht, nach der podolischen Hauptstadt gebracht und durch Henkershand verbrannt werden¹). Das angeblich schändliche Buch sollte vertilgt werden. Vergebens beriefen sich die Juden auf ihre alten Privilegien, die von Kasimir dem Grossen bis auf die jüngste Zeit von fast allen polnischen Königen bestätigt wurden, dass sie in ihren religiösen und inneren Angelegenheiten unbelästigt und unverletzt bleiben sollen. Und der Besitz des Talmud galt den Juden Polens als eine ganz besonders religiöse Angelegenheit, es war ihr Lebensodem. Vergebens verwendeten sich einige judenfreundliche Edelleute für sie. Dembowski blieb halsstarrig bei seinem Beschlusse oder bei seiner Ueberzeugung, wie er vermeinte. Der König von Polen August III. und seine sogenannte Regierung, der Graf Brühl, hatten damals, im Beginn des siebenjährigen Krieges, vollauf mit den eigenen Angelegenheiten zu thun, als dass sie den Klagen der Juden wegen Vergewaltigung hätten Gehör geben sollen. Dembowski hatte freie Hand. Eine Hetzjagd wurde auf Talmudexemplare gemacht. Die Scene im Anfang des sechszehnten Jahrhunderts in Frankfurt a. M. und der Rheingegend durch den Erzschelm Pfefferkorn und die in Italien in der Mitte desselben Jahrhunderts durch den Papst Julius III. wiederholten sich in Polen, nur dass hier dabei noch mehr Brutalität getrieben wurde, und die Frankisten, ehemals Söhne des Talmud, mit dem Eifer glühenden Rachegefühles die Schergen unterstützten, den Talmud in allen Schlupfwinkeln aufzusuchen, und zur Vernichtung noch Hohn hinzufügten. Die Talmudexemplare wurden an Rossschweife gebunden nach Kamieniec geschleift, dort von Henkersknechten in eine Grube geworfen

---

¹) Das Edikt und das Datum bei Skimb. p. 14. Aber es muss schon vor dem 14. Oct. ein Erlass ausgegangen sein, den Talmud zu verbrennen. Denn Abraham Samoać schrieb an Emden d. d. Elul 1757: · · · חדושים כמריתחתו כי שמה ותעיונה נהותה בארץ מהכרה הרשעים ש״ץ · · · וכסעט יצא הדת מהנגסן הגדול ארציבישקוף דלבוב לישרוף את התלמוד · ואלם שרים רבים בעהדינו כי אמרינו יש האדירים וקסרים מהמלכים ש יוילע פרי לנו (bei Emden I p. 26a; das. p. 27a): על אחוח אשר נגור סאת הצר בישוף · · הסחחזק בידי כת ש״צ · · · שעל כל פנים הכרית וכפרה ראשי הדודחים · · · לתת חשבה מספקה לשאלות ותענות המינים הרשעים · וכבר יצא הקצף מורנגמן לשרוף הספרים הקדושים. Auch das. p. 79a und p. 4b; vergl. Beilage S. XXIV.

und verbrannt. Ein Frankist verbrannte den Talmud vor den Augen der trauernden Juden an einem jüdischen Feiertage (8. Sukkot-Feste = Oct. 1757[1]). Die Frankisten triumphirten. Sie hatten ihren Gegnern an der empfindlichen Stelle einen stechenden Schmerz beigebracht, und es war noch nicht abzusehen, welche Leiden ihr Rachedurst noch über die Talmudisten heraufbeschwören würde. Zunächst fädelten sie eine neue Intrigue ein. Viele Ehefrauen der Frankisten hatten ihre Männer verlassen, seitdem diese nicht nur als Uebertreter des Judenthums, sondern auch als Verhöhner der Keuschheitsgesetze entlarvt worden waren. Diese Frauen lebten seit der Zeit bei ihren Verwandten oder, wenn sie arm waren, von der Gemeindeunterstützung. Wahrscheinlich haben die Bannflüche gegen die Frankisten auf deren Frauen eingewirkt, dass sie ein wahres Entsetzen empfanden, mit ihren Gatten ferner zusammenzuleben. Der Zwang, der auf sie von Seiten der Vertreter des Judenthums ausgeübt wurde, war jedenfalls lediglich moralischer Natur. Die Frankisten aber denuncirten die Rabbinen und Gemeindevorsteher bei dem erzbischöflichen Amte, dass ihre Gegner mit Gewaltmitteln ihre Ehefrauen zurückhielten und sie gegen deren Willen hinderten, zu ihren Ehemännern zurückzukehren. Dembowski, welcher entschieden Partei für die christlich schillernden Sektirer nahm, ging auch auf diese Denunciation ein und liess sich förmlich von ihnen als Polizei gebrauchen. Die Ehefrauen wurden mit Gewalt gezwungen, zu ihren Männern zurückzukehren. Die Renitenten wurden mit Schlägen traktirt. Manche derselben erduldeten lieber die brutalste Behandlung, nur um nicht mit ihren Gatten, vor denen sie einen Abscheu empfanden, wieder vereinigt zu werden[2]. — Diese von den Frankisten angeregte und von Dembowski ausgeführte chikanirende Verfolgung gegen die Talmudisten

---

[1] Das. Anh.: במחח פאראליע אחד שמו רע מסוולם שרף ביום שמיני עצרת כל הש"ס ברחוב הוידחים.

[2] Bel Emden I p 4b: ולהאנשים החטאים נתן (הרגמן) תוקף.. להכריח כל אחד אח אשתו אשר ברחו מהם ... לקחת אותן בחוקה הנשים מרים הזעקים ובוכים. האינם רוצים בהם ובהתועבותיהם ומוכרין עצמן לסיתה. Vergl. Beil. 8. XXX: *Que dans les endroits, où l'on nous a enlevé nos femmes et nos enfants, ils nous soient rendus.* Vergleiche o S. 23.

hatte sich Anfangs nur auf die Diöcese Podolien beschränkt, bald dehnte er sie auch auf seine grosse Diöcese von Lemberg aus. Hier wurde ebenfalls auf Talmudexemplare gefahndet, und sie wurden in den grossen Gemeinden Brody, Lemberg, Zolkiew und anderen gerade am Sabbat verbrannt (Ende Marcheschwan = 12. Nov. 1757). Die talmudischen Juden, der Vergewaltigung des Erzbischofes preisgegeben, hatten kein anderes Mittel, als den Himmel um Erbarmen anzuflehen. Den Tag, an dem der Scheiterhaufen für die Talmude auflöderte, verwandelten sie in einen Bet- und Busstag, fasteten so strenge wie am Versöhnungstage, selbst Mütter entzogen den Säuglingen die Brust[1]). Andere Hilfe hatten sie nicht.

Ein jüdischer Agent des Grafen Brühl, Baruch Jawan (wie er sich nannte), der öfter für diesen Minister Reisen nach Warschau und Dresden machte, brachte zwar bei ihm eine rührende Klage über Misshandlung der Juden von Seiten des Erzbischofs Dembowski an, schilderte ihm die schamlose Ketzerei der Frankisten und ihr heuchlerisch-christliches Glaubensbekenntniss und erhielt auch von ihm Versprechungen auf Abhilfe[1]). Allein, wenn es diesem unaufrichtigen Minister auch mit seiner Zusage ernst gewesen sein mag, so war der von ihm angegebene Weg ein sehr weitläufiger. Die Juden mussten zuerst eine Supplik über ihre Gravamina dem Könige überreichen; dieser übergab sie auf Brühl's Verwendung der päpstlichen Nuntiatur in Warschau, der Nuntius sollte die Uebergriffe des Erzbischofs untersuchen lassen. Als die Klage bereits eingereicht war, forderte der Nuntius Nikolaus Serra, das Originaldekret des Erzbischofs zur Vernichtung des Talmud beizubringen. Dazu gehörte Zeit und Geld, und vom Letzteren konnten die Juden Polens nicht so viel erschwingen, um das eingerostete Räderwerk der polnischen Regierungsmaschine in Bewegung zu setzen.

Der Zufall oder, wie die Betheiligten glaubten, die göttliche Vorsehung führte eine Wendung zu deren Gunsten herbei. Der

---

[1]) Bei Emden das. p. 79b: בערב ר"ח כסלו שנת קי"ח עשו בקהלות הגדולות בראד לבוב זאלקווי הלחן יום צום כיום כפור סמש ויתר עליו · · · באהץ פרק שנעשיה השריפה (של התלמוד) ביום שבת קדש. Das angegebene Datum, letzten Kislew = 12. Nov. fiel damals auf einen Sonnabend.

Erzbischof Dembowski wurde von einer plötzlichen Krankheit befallen, delirirte (man sagte vom Talmud, der seine Phantasie beschäftigte) und starb nach kurzem Krankenlager (17. Nov. 1757[1]).
Sei es, dass der unter eigenen Erscheinungen erfolgte Tod Dembowski's auf seine abergläubische Umgebung und die Geistlichkeit einen so gewaltigen Eindruck gemacht, dass sie ihn als Strafe seiner Härte gegen die Talmudisten betrachtete, oder dass einige Räthe des Kapitels überhaupt mit der Begünstigung der frankistischen Trinitarier unzufrieden waren und deren Heuchelei durchschauten, oder endlich, dass das Wort des Nuntius eingewirkt hatte, genug, die Protection über dieselben hörte mit diesem Tode auf[2]). Mit dem Verlust ihres erzbischöflichen Privilegiums wurden die Frankisten wieder als Sektirer behandelt, die weder Juden, noch Christen wären; sie mussten das ihnen in der Nähe von Kamieniec eingeräumte Asyl verlassen. Zur Brandmarkung wurde ihnen eine Hälfte ihres Bartes abgeschnitten[3]). Die räuberischen Edelleute, froh, eine Gelegenheit zur Bereicherung zu haben, bemächtigten sich der Güter

---

[1]) Bei Emden I p. 79b wird der Tod Dembowski's weitläuftig geschildert, dann heisst es: והבישוף נפגר מיד, זה היה בחצי כסליו. Dieses Datum ist indess nicht ganz genau; denn nach Skimb. erfolgte der Tod 17. Nov. (p. 17). d h. 5. Kislew. Eigen ist es, dass die Briefe des Hofagenten Baruch Jawan und seines Factotums Markel aus Warschau, einen Monat später datirt (das. p. 4 und 5), noch voll von Klagen über Misshandlung sind und noch nichts von Dembowski's Tod, noch von der günstigen Wendung wissen. Die Frankisten lassen die Zeit unbestimmt, dass der Tod ihres Beschützers kurz nach dem Erlass, den Talmud zu verbrennen, erfolgt sei (Beil S. XXV): *Transtulit enim ad sinum Abraham . . . optimum pastorem . . . brevi post prolatam sententiam (scil. comburendi Thalmudi).*

[2]) Nicht bloss die jüdischen Quellen bringen das Aufhören der Protection über die Frankisten mit dem Tode des Erzbischofs in Causalnexus, sondern auch die frankistische (Beil. a. a. O.): *Quo (Archiepiscopo) e vivis elato adversarii nostri iterum . . . nos ubique persequebantur, pellebant, caedebant, diripiebant etc.* Ebenso Niebuhr (a. a. O. S. 20): „Bald nach dem Tode des Bischofs von Podolien wurde den Contratalmudisten die freie Religionsübung genommen". Vergl. Skimb. a. a. O. p. 17.

[3]) Bei Emden I p. 80b: אור גבורה גיירה על כח ש"צ לרדפם · לנלוח וקנב ובראו למורקיא גם שם לא התח להב. Ueber die Verfolgung auch das. p. 80a, p. 85b, die Beilage und bei Niebuhr a. a. O. Von dieser Leidenszeit der Frankisten handelt wohl *Nauka* bei Skimb. p. 58, 59.

der wohlhabenden und für vogelfrei erklärten Frankisten. Einer ihrer Führer, der greise **Elisa Schor** aus **Rohatyn**, war der Verfolgung erlegen[1]). Die von dem plötzlichen Glückswechsel betäubten Frankisten entflohen über die Grenze nach dem nahegelegenen **Chocim** (Bessarabien), das damals zur Türkei gehörte. Aber auch dort wurden sie hart verfolgt. Die dortigen Juden, von ihrem ketzerischen und verleumderischen Treiben unterrichtet, gaben dem Pascha und der Bevölkerung einen deutlichen Wink, dass diese Sektirer nicht mehr zu den Juden gehörten, folglich nicht mehr unter dem Schutze des Chacham Baschi stünden, und dass sich Niemand ihrer annehmen werde. Mehr brauchte es nicht für die beutelustigen Türken und Bessaraber, um die Fremdlinge vollends zu berauben und sie noch dazu zu misshandeln. So mussten die Frankisten in grossem Elend, halbnackt an der Grenze von Podolien und Bessarabien umherirren, jeden Augenblick eines tödtlichen Angriffes von Seiten ihrer jüdischen, katholischen und türkischen Feinde gewärtig.

In ihrer Verzweiflung wendeten sie sich an den König von Polen um Hilfe und beriefen sich auf das ihnen von Dembowski ertheilte Privilegium, dass sie als trinitarisch-gläubige Israeliten geduldet und geschützt werden sollten. Darauf hin bestätigte der König jenes erzbischöfliche Dekret (11. Juni 1758) und gestattete ihnen, sich in Podolien und im ganzen Königreiche anzusiedeln. Darauf vertrauend, betraten die verhungerten und zerlumpten Frankisten wieder die polnische Grenze. Aber da der Adel und die Geistlichkeit gegen sie eingenommen waren, und ihre Gegner es nicht an Hetzereien gegen sie fehlen liessen, so vermochte das Wort des schwächlichen Königs sie nicht zu schützen. Sie wurden abermals gemisshandelt[2]). — In dieser Noth suchten sie **Frank** als ihren Retter auf, der indess in **Nikopolis** und **Giurgiewo**

---

[1]) Bei Emden das. p. 89 b: הזקן מנאף הנ״ל (אלישע מרהטין) הכה סרם באסריות חמה ומת, שם נפל שרד כרוטן וכו'.

[2]) Im Auszug aus dem Edikt des Königs bei Skimb. p. 16. Erwähnt wird es in dem spätern Gesuche der Frankisten Beil. 8. XXIII, auch bei Emden I p. 85 b. Damit stimmt die Klage derselben: *mais ce privilège n'a pas été respecté par nos confrères ennemis.* Vergl. auch Beil. S. VI und XXV.

weilte. Mit scheinbarem Widerstreben folgte er ihnen und begab sich zum zweiten Male nach Podolien. Bei seinem Uebersetzen über den Fluss Dniester sprach er die uns blödsinnig erscheinenden, von seinen Anhängern als denkwürdig aufbewahrten Worte in jüdisch-deutscher Sprache: „Esther, Esther, ich bin dein Bruder und du bist meine Schwester" (7. Januar 1759[1]). In Podolien erschien er mit mindestens 50 Begleitern, sämmtlich türkisch gekleidet, darunter waren Mehrere aus Ungarn, der Walachei und Moldau[2]). Er gab nun seinen podolischen Anhängern in ihrer Noth den Rath, eine Erklärung abzugeben, dass sie sämmtlich geneigt wären, sich der römisch-katholischen Kirche zu unterwerfen. Damit begannen neue Machinationen der Frankisten, von ihrem Führer und Messias eingegeben, die sich ein ganzes Jahr unter verschiedener Gestalt hinzogen, bis sie entlarvt und zum zweiten oder dritten Male in's Elend gestossen wurden. Sie setzten zunächst (20. Februar 1759) eine Bittschrift an den inzwischen nach Dembowski's

---

[1]) Von der Zusammenkunft und Berathung der Frankisten und F.'s Ankunft in Podolien sprechen öfter die *Neuka F.* Der Ort, wo er sich niederliess, wird Iwan oder Iwon genannt; p. 59: „Dann kam ich nach Iwan Sabbat Abends im Januar 1759 und fand Euch im wüsten Lande etc."; p. 49: „Der Herr sprach das (das Gleichniss von der Perle, welche Sachkundige nicht zu durchbohren wagen, aber ein Einfältiger vollbrachte das Wagestück) in Iwan im Jahre 1759; p. 45 No. VI: „Als der Herr über den Dniester nach Polen setzte, sprach er: Esther, Esther etc.", er setzte über den Dniester 7. Januar 1759; p. 62 No. XXIV: „Als ich zu Euch nach Iwan kam, sprach ich zu Euch: Ich bin ein Gesandter Gottes und ich ermahne Euch, dass wir zu Christus gehen müssen", vergl. das. p. 44 No. II, woraus hervorgeht, dass er in Iwan 12 Apostel und oben so viel Apostolinnen ausgewählt hatte. Beil. 8. XXIX: *pro modo anno 1759 simul ut Podoliam attigit (iterum)* ... *Idem Frank Lebowics cum ultimo nos convenit, palamque edixit, non esse religionem Catholicam meliorem etc.*

[2]) Bei Skimb. p. 7. Das muss von Frank's zweitem Auftreten in Podolien verstanden werden. Vergl. Beil. S. XIV: *godono di esso (sussidio caritativo) solo cinquanta persone conviventi con esso.* S. VI (4): *pervenne . . . Frank con una comitiva di persone vestite alla Turca.* Von den 6 Personen, welche bald darauf die Petition an den Erzbischof von Lemberg unterschrieben haben, sind 2 aus Sziget (Ungarn), eine aus Czernec in der Wallachei (Moldau) und eine aus Bukarest. Auf diese bezieht sich der Passus in Beil. S. XXV unten: *Nonnulli ex coetu nostro .. de longinque pervenere ad nos etc.*

Tod zum Erzbischof von Lemberg ernannten **Wratislaw Lubienski** auf, um ihm ihr Leid zu klagen, ihre Geneigtheit, sich dem Katholicismus anzuschliessen, zu erkennen zu geben um ihre Wünsche zu formuliren. Mit dieser Bittschrift sandten sie sechs aus ihrer Mitte, von denen vier aus der Moldau und Walachei stammten, welche den Auftrag hatten, sie im Namen Aller, „der polnischen, ungarischen, türkischen, walachischen und moldauischen Israeliten", zu überreichen und mündliche Ergänzungen hinzuzufügen. Diese Supplik enthielt, womöglich, noch mehr Heuchelei als das Programm für den Bischof von Kamieniec. Nachdem sie in winselnd frommem Tone ihre bisherige Leidensgeschichte auseinandergesetzt, gelobten sie, in ihrem trinitarischen Glauben auszuharren und dem Oberhaupte der Kirche ihren Gehorsam zu beweisen. Sie betheuerten, dass nicht die Noth sie zu diesem Schritte gezwungen habe, sondern die innere Ueberzeugung. Den Hauptaccent legten sie aber auf den Punkt, dass „ihnen ein Feld eingeräumt werden möge, auf dem sie eine entscheidende Schlacht gegen die Feinde der Wahrheit schlagen könnten", d. h., dass abermals eine Religionsdisputation zwischen ihnen und den Talmudisten veranstaltet werden möge. Sie wollten dann aus den heiligen Büchern, d. h. aus Bibel und Sohar, die Wahrheit des Christenthums belegen und ihre Gegner des gottlosen Wandels und Unglaubens überführen, dass sie (die Talmudisten) „unschuldiges Christenblut noch schlimmer als die Heiden vergössen, danach gelüsteten und davon Gebrauch machten"[1]). Sehr schlau war die Bittschrift an den Erzbischof Lubienski angelegt. Sie sagte nur im Allgemeinen, dass sie die Wahrheit des Christenthums beweisen und dem Papst Gehorsam leisten wollten, ohne ihre Taufe als sicher in Aussicht zu stellen. Wie sich weiter zeigen wird, war ihnen, obwohl sie mit dem Judenthum völlig gebrochen hatten, die Taufe noch immer ein Gräuel. Eigentlich lag den Frankisten mehr daran, sich zu rehabilitiren und Rache an ihren Gegnern zu nehmen. In Lubienski glaubten sie einen zweiten Dembowski zu

---

[1]) Das ist der Inhalt des oben S. 8 erwähnten in polnischer Sprache erschienenen Gesuches.

finden, der ihnen die Hand reichen werde, ihre Feinde zu verfolgen und zu quälen, ohne dass sie zum Empfange der Taufe gedrängt werden würden.

Sie hatten sich aber in dem Charakter des Erzbischofes von Lemberg getäuscht. Lubienski liess sie gar nicht zur Audienz und sorgte nur dafür, ihr Gesuch drucken zu lassen[1]), gewissermaassen um sie zu binden, ohne sich an ein Entgegenkommen gegen sie zu binden. So war dieser Schuss abgeprallt. Indessen trösteten sie sich mit dem Gedanken, Lubienski habe ihnen deswegen keine Aufmerksamkeit geschenkt, weil er gerade zur selben Zeit (3. März 1759) zum Erzbischof von Gnesen und zum Primas des Reiches erhoben worden war und darum keine Musse für sie gehabt haben mochte[2]). Es schmerzte sie zu sehr, mit einem Gesuche abgewiesen worden zu sein, auf dessen Wirkung sie so fest gerechnet hatten. In Wahrheit war dieser Kirchenfürst ihrem Treiben durchaus abhold und wollte ihnen, wie sich weiter zeigen wird, keinerlei Vorschub leisten. Indessen, da sie keinen anderen Ausweg aus ihrer verzweifelten Lage vor Augen hatten, als durch heuchlerisches Anschmiegen an die katholische Kirche, machten sie einen neuen Versuch. Sie richteten (16. Mai 1759) eine neue Bittschrift zugleich an den König von Polen und nochmals an Lubienski, damals bereits Primas, worin sie schon deutlicher ihre Absicht zu erkennen gaben, zur katholischen Kirche überzutreten; nur knüpften sie Bedingungen daran. Von dem Könige wünschten sie:

1) Ein Dekret für Polen und Litthauen zu erlassen, dass sämmtliche heimliche Sabbatianer, ihre Gesinnungsgenossen, sich offen als solche bekennen dürften:

2) dass dieselben vor Verfolgungen geschützt seien;

3) und 4) dass ihnen ihre Weiber und Kinder (die ihnen von den Talmudisten mit Gewalt entrissen worden wären) zugeführt werden mögen, damit „sie freier seien, das Wort der Gerechtigkeit" aus ihrem Munde zu vernehmen, und endlich

---

[1]) S. oben S. 8.
[2]) Bell. S. XX, 2.

5) dass ihnen gestattet werde, sich in Masse auf königlichen Gütern niederzulassen und auf ihre eigene Weise ihr Leben zu fristen.

An den Erzbischof-Primas fügten sie einen neuen Wunsch hinzu und verdeutlichten einen schon im Gesuch an den König ausgesprochenen:

1) Dass er ein Religionsgespräch zwischen ihnen und ihren Gegnern veranstalten möge (das war ihr Lieblingswunsch). Als Motive dafür gaben sie an: damit ihre Gegner sie nicht verlästern könnten, sie (die Contratalmudisten) hätten nur aus Noth ihren Blick auf die Kirche gerichtet; ferner damit ihre heimlichen Gesinnungsgenossen, die sich aus Furcht vor Verfolgung versteckt hielten, sich gleich ihnen offen zum Katholicismus bekennen mögen, und endlich um ihren Gegnern, „den Gemüthsverhärteten und Lästerern, die Augen für die reine Lehre des wahren Gottes der heiligen Schrift zu öffnen".

2) Es möge ihnen gestattet sein, sich in Busk und Gliniany (zwischen Lemberg und Brody), in der Mitte rein christlicher Bevölkerung, niederzulassen. Sie würden dort auf eine ehrliche Weise ihr Brod verdienen und nicht wie die Talmudisten „die Trinksucht der Landbewohner befördern, das Blut der Christen aussaugen und mit doppelter Kreide aufschreiben"[1]). (Jedes Wort der Frankisten war ein Giftpfeil gegen ihre Antagonisten.) — Mit dieser Petition waren Jehuda (Leib) Krysa und Salomon Schor betraut, sie sollten diese Erklärung im Namen Aller abgeben.

Aber auch dieser Schritt blieb ohne den von den Frankisten erwarteten Erfolg. Der König würdigte sie gar keiner Antwort (dahinter mag der Minister Brühl und sein Agent Baruch Jawan gesteckt haben). Der Erzbischof-Primas gab ihnen eine niederschlagende Antwort: er könne ihnen weiter nichts als das ewige Heil versprechen, welches denen gewiss sei, die sich zum Evangelium bekennen; wenn sie sich vollständig bekehrt haben würden, so würden die Edelleute und die Geistlichen nicht verfehlen, sie zu

---

[1]) Das ist der Inhalt der beiden französischen Petitionen Beil. No. 2 S. XVII bis XXIII.

unterstützen¹). In Betreff ihres Anliegens um eine Disputation, antwortete er ihnen: wie könnten sie, die selbst noch nicht in den Dogmen des Christenthums unterrichtet sind, sich herausnehmen, in eine Controverse darüber eingehen? Ueberhaupt sei Zwang und Strafverfügung (welche die Frankisten über ihre Gegner verhängt zu sehen wünschten) der Freiheit und der Milde des Evangeliums entgegen²). Das war eine ziemlich derbe Abfertigung.

Zum Glück für die Frankisten entfernte sich der ihren Schwindel durchschauende Primas von dem Schauplatze ihrer Agitation nach seiner Diöcese Gnesen, und die höchste Leitung des vakanten Erzbisthums Lemberg ging in die Hände des Administrators, Canonicus Stephan de Mikulicze Mikulski über, der anderer Ansicht über die Mittel, der Kirche Neophyten zuzuführen, war und gern Propaganda machte. Von diesem Wechsel hatten die Frankisten (oder Frank durch seine Emissäre) Kunde, und sofort, neun Tage nach Absendung des Gesuches an den König und den Primas (25. Mai 1759) richteten sie ein Schreiben an diesen Administrator und legten ein Glaubensbekenntniss ab, das wiederum eine Anklageschrift gegen die Talmudisten war³). Dieselben Personen Jehuda (Leib) Krysa und Salomo Schor waren die Ueberbringer. In dieser Petition gaben sie ganz deutlich zu erkennen, der Taufe sich unterziehen zu wollen, liessen die meisten früher aufgestellten Bedingungen fallen, bestanden aber auf einer einzigen, als *conditio sine qua non:* dass vor ihrer Taufe eine Religionscontroverse zwischen ihnen und den Talmudisten stattfinden müsse. Sie stellten abermals ein Programm und Punkte auf, die sie ihren Feinden gegenüber beweisen wollten, die aber ganz anders lauteten als diejenigen, welche sie zwei Jahre vorher für Dembowski aufgestellt hatten, was

---

¹) Beil. S. VI: *In ordine . . alle domandate fatte colle suppliche . . a sua Majestà ed à Mons. Primate niuna di esse è stata loro accordata etc.* Bei Sklmb. p. 17 heisst es, der Bischof habe ihnen gleich darauf, 19. Juni, geantwortet und die Sache dem Suffragan übergeben.

²) Beil. S. II: *Saggiamente questo Mons. Primate, replicando al memoriale degli Antitalmudisti, avera loro significato etc.*

³) Beil. No. III S. XXIII ff.: *manifestatio Judaeorum.* Bei Emden I p. 82a. Das Programm auch bei Sklmb. p. 19.

noch mehr ihre Heuchelei beweist. Während sie früher nur im Allgemeinen sich zum Dogma der Trinität und der Incarnation bekannten, accentuirten sie im Manifest an Mikulski sehr scharf die römisch-katholischen Dogmen. Die Prophezeiung aller Propheten von der Ankunft des Messias seien bereits erfüllt. Der Messias sei der wahre Gott, der Fleisch geworden und zur Erlösung und zum Heil gelitten habe. Mit der Ankunft des Messias haben Opfer und Riten, das ganze Judenthum, seine Bedeutung verloren. Jeder Mensch müsse dem Messias, in dem das Heil sei, gehorchen. Das Kreuz sei das Zeichen der Dreieinigkeit und das Siegel des Messias. Zum Messias könne man nur durch die Taufe gelangen. Das Alles lehre die heilige Schrift und besonders der Sohar. Nur in einem Punkte blieben sich die Frankisten consequent, in ihrem Hasse gegen den Talmud und die Talmudisten. Auch in diesem Manifest behaupteten sie in unverschämter Verlogenheit: der Talmud lehre die Juden, Christenblut zu gebrauchen, und Alle, die an ihn glauben, müssen danach verlangen. Frank's Hand ist in diesem Manifest nicht zu verkennen, ohne dessen Rath seine podolischen Anhänger nichts unternahmen.

Was der Primas verweigert hatte, gewährte ihnen der Administrator; er wollte die Gelegenheit nicht von sich weisen, Juden in den Schoss der Kirche zu ziehen, zumal die Wortführer der Frankisten, Krysa und Schor, übertrieben verheissen hatten, dass eine grosse Zahl Juden nur danach schmachten, der Heerde der Gläubigen des Messias-Königs vereint zu werden. Zu diesem Zwecke bestimmte Mikulski (im Juni) den 16ten des folgenden Monats zum Anfang der Disputation in Lemberg und forderte sämmtliche Rabbinen und Vorsteher der reussischen Gemeinden in der Diöcese auf, sich dazu bei Vermeidung einer Geldstrafe von Tausend Thalern einzufinden. Die Edelleute erhielten die Weisung, die Eingeladenen mit allen Mitteln zu zwingen, sich zum anberaumten Termine in Lemberg zu stellen[1]). Die Gemeinden geriethen dadurch in nicht geringen Schrecken. Sie fürchteten eine Wiederholung oder Verschlimmerung der Vorgänge zwei Jahre vorher unter Dembowski.

---

[1]) Beil. S. I, II, XXXI oben. Skimb. p. 18.

Sie wandten sich daher flehentlich einerseits an den Primas von Gnesen und andererseits an den päpstlichen Nuntius in Warschau, Nikolaus Serra, das ungerechte Dekret eines untergeordneten und nur stellvertretend fungirenden Geistlichen zu inhibiren. Beide hohe Prälaten waren mit der Maassregel unzufrieden. Der Primas legte dem Administrator sechs Fragen zur peremptorischen Beantwortung vor, welche von richtiger Würdigung der Verhältnisse zeugen. Er erhielt darauf eine unbefriedigende Antwort (datirt vom 20. Juni), welche darauf hinauslief, dass die Contratalmudisten die Dreieinigkeit, die Menschwerdung und andere christliche Dogmen bekennen, diese aus ihren alten Schriften, besonders aus dem Sohar beweisen und die Talmudisten beschämen wollen. Sie mögen allerdings (wie der Primas vermuthete) aus Hass gegen ihre Widersacher die Controverse verlangen, aber dieser Hass sei gegenseitig. Ob sie sich aus Gewinnsucht der Kirche zuneigen? Das soll der Tag des Religionsgespräches entscheiden, ob sie dann sich geneigt zeigen werden, die Taufe zu empfangen. Ob die beiden, welche im Namen Aller handeln, Jehuda (Leib) Krysa und Salomon Schor einige Bedeutung haben? „Sie sind Juden aus der Menge, weder durch Reichthum, noch durch Gelehrsamkeit unter den Uebrigen hervorstechend"[1]. Man sieht es den Antworten Mikulski's an, dass er nicht viel Vertrauen zu den christelnden Frankisten hatte und nur gewissermaassen ein Problem so oder so zu lösen gedachte. Der apostolische Nuntius Serra gab dem Administrator des Lemberger Erzbisthums geradezu seine Unzufriedenheit mit der von ihm getroffenen Maassregel zu erkennen. Es sei hart, den Talmudisten einen Zwang aufzulegen; auch komme bei einem Disputatorium nichts heraus, es sei eher geeignet, die Gemüther aufzuregen, als einen gesunden Sinn zu erzielen; die Aufnahme dieser Neophyten mit einer dunklen Lehre könnte den geborenen Christen zum Schaden gereichen[2]. Mikulski kehrte sich aber nicht daran und hielt an der Zusammenkunft der Talmudisten und Antitalmudisten in Lemberg fest. So mussten sich denn mehrere Rabbinen (etwa 40) mit bitterem

---

[1] Beil. No. V.
[2] Beil. S. II. Bei Skimb. p. 8.

Gefühle und zagendem Herzen dazu einfinden. Sie wählten zu ihren Sprechern drei Rabbinen: Beer von Jatlowiec, der bereits bei der Kamieniecer Disputation fungirt und sich wahrscheinlich compromittirt hatte; ferner Chajim Kohen Rapaport, Rabbiner von Lemberg und den angeblichen Wunderthäter Israel aus Miendziboż, damals Rabbiner eines Städtchens (Rozdol?), wahrscheinlich Stifter der chassidäischen Sekte in Polen, die ebenfalls eine zum Theil antitalmudische Richtung eingeschlagen hat. Von Seiten der Contratalmudisten fungirten ebenfalls drei als Wortführer, die bereits öfter genannten Krysa und Schor und ein dritter Unbekannter[1]).

Die Einleitung zur Disputation in Lemberg muss übrigens den Administrator Mikulski nicht wenig entmuthigt haben. Die Frankisten hatten Hunderte von ihrer Sekte als Theilnehmer zugesagt; wie denn Alles an ihnen Verlogenheit war, es erschienen nur etwa zehn[2]). Später verlangten ihre Sprecher Wagen und Geld, um ihre Genossen aus der Gegend von Kamieniec nach Lemberg zu transportiren und anständig auszustaffiren; allein es wurde ihnen abge

---

[1]) Die Namen der beiderseitigen Sprecher hat nur die Quelle III bei Emden (Abraham von Szargrod) erhalten, p. 29 b: אז נבחרו שלשה מכל צד . מן היהדים הוו הגבירים הרב מדינה דלבוב ר' חיים דפאפורט וגר' ישראל מעזיביש בעל שם ור בער רב מיאזלוויטץ . ומצד השני היה הטועב פדענק המר קריבצר רב ליב קריס אלישע ראטין. Bei Skimb. sind genannt (p. 18): David b. Abraham aus Stanislaw; Szmul Hertzko Rapaport; Nutka Mosiek aus Boroczewa. Der Vorname Rapaports ist jedenfalls hier entstellt. Denn Chajim Rapaport ist bekannt; Beer ist derselbe wie oben S. 37. Israel von Miendziboż scheint der unter dem Namen Bescht bekannte Stifter der Chassidaer zu sein, welcher stets unter diesem Namen aufgeführt wird und wofür noch das Epitheton בעל שם spricht. Seine Jünger wissen aber nichts von seiner Betheiligung an der Disputation von Lemberg zu erzählen, sie fabeln nur, dass der Bescht vermöge seiner inbrünstigen Gebete am Versöhnungstage das Dekret gegen den Talmud vereitelt habe. Auch die Thatsache von der Taufe der polnischen Sabbatianer erzählen sie. (שבחי הבעש״ט, ed. 1815 p. 6d, 7a, b). Der letzte Name der frankistischen Sprecher אלישע scheint corrumpirt zu sein, denn Elisa von Robatyn war nach einer Nachricht bei der Verfolgung von Ende 1757 erlegen (o. S. 42). Man muss vielleicht dafür lesen: שלמה בן אלישע מראטן. Dieser Salomo kommt stets mit Krysa in Verbindung vor (o. S. 18). — Frank war aber nicht zugegen, vergl. weiter.

[2]) Beil. S. II: *Degli Antitalmudisti . . . comparirono soltanto poco più almeno di dieci.*

schlagen¹). Die Disputation, gewissermaassen der erbitterte Krieg zwischen der Kabbala und dem Talmud, begann am anberaumten Tage (16. Juli) in der Kathedrale unter dem Vorsitz des Bisthums-Verwesers und in Gegenwart vieler Geistlichen und Laien, Herren und Damen um theure Eintrittskarten. Die Anrede des Vorsitzenden und die Verlesung der von den Frankisten aufgestellten sieben Punkte bildeten den Anfang. Die ganze Verhandlung dauerte drei Tage (16., 23. und 30. Juli), konnte aber zu keinem Resultate führen. Die Betheiligten verstanden einander nicht. Die Juden, Talmudisten wie Contratalmudisten, verstanden weder polnisch, noch lateinisch, und die polnischen Geistlichen waren im Hebräischen unwissend²). Daher mussten ihnen Dolmetscher beigegeben werden, was die Controverse nur noch schwerfälliger und langweiliger machte. Die Talmudisten sollen aber beschämt und verwirrt das Feld geräumt haben³). Nur einen einzigen Erfolg haben die Frankisten durch das Wortturnier in Lemberg erzielt, die Befriedigung ihres Rachegefühls an ihren Feinden. Die polnische Bevölkerung wurde argwöhnisch gegen die talmudischen Juden, als wenn sie thatsächlich Christenblut brauchten. In der Gegend von Przemysl fielen in Folge dessen fünf Juden als Märtyrer wegen Blutanklage⁴). Selbst der gegen die Frankisten eingenommene apostolische Nuntius Serra glaubte dadurch zum Theil an den Blutdurst der Juden⁵), obwohl der Papst kurz vorher die so oft erhobene Anschuldigung als eine Verleumdung gebrandmarkt hatte.

Frank war bei der Disputation nicht zugegen; er liebte es, sich in der Entfernung und in mystischer Unnahbarkeit zu halten. Er hatte nur dazu einen seiner treuen Begleiter abgesandt, einen Mann

---

¹) Beil. S. III.

²) So sagenhaft auch der Bericht des Abraham Szargrod bei Emden III ist, so hat er gerade den Ausgang der Disputation in Lemberg richtig charakterisirt: המספר לא יכל להגיד תוכן הויכוח, רק אחר שלשה ימים ראו השדדים שלא יכלו לנצח אלה את אלה בשגם הכוסרים לא ידעו ולא יבינו הריטח לא יכלו להכריע דיניהם להחליט כי הוא הטוב שגבר על שכנגדו.

³) Beil. S. V. Skimb. p. 19.

⁴) Bei Emden I p. 82b, p. 86a, 87a.

⁵) Beil. S. V.

von eben so zweideutigem Charakter wie er selbst, **Ignatz Molivda**, einen Russen, der sich Oberstlieutenant nannte, früher zu einer russischen Sekte der **Philipowcy** gehörte und später sich zum Katholicismus bekannte. Er diente den disputirenden Frankisten als Dolmetsch. Erst als die Disputation sich zu Gunsten seiner Leute zu gestalten schien, kam Frank selbst nach Lemberg (21. Juli) mit grossem Gepränge in einem Sechsspänner, wie ein orientalischer Fürst gekleidet und hinter ihm her eine lange Reihe von grossen und kleinen Wagen, angefüllt mit Solchen, welche ihren Anschluss an die Kirche erklären sollten[1]. Frank kannte die Wirkung des augenblendenden Schimmers auf die Menge und bediente sich desselben, wie sich zeigen wird, bis zu seinem Ende, um sich ein Relief zu geben. — Nach Beendigung der Disputation sollen sich mehr als tausend Juden (nach Anderen gar 7000), d. h. heimliche Sabbatianer in Polen, zum Anschluss an die Kirche gedrängt haben[2].

Indessen waren die Frankisten mit dem Resultate der Disputation keineswegs zufrieden. Sie hatten sich davon eine blutige Verfolgung gegen ihre Widersacher oder mindestens eine neue Razzia gegen den Talmud versprochen, und das ist nicht erfolgt. Auch ihr Hauptziel konnten sie nicht erreichen, nämlich einen Strich Landes zu erhalten, wo sämmtliche Anhänger Frank's zusammenwohnen, eine Sekte für sich bilden, einen kabbalistischen Cultus mit ihm treiben und ihre Mysterien hätten fortsetzen können. Durch diese Unzufriedenheit schoben sie ihre Taufe, nach der sie so sehr Verlangen zu tragen vorgaben, von Tag zu Tag auf. Dadurch erregten sie aber den Verdacht, dass es ihnen überhaupt nicht Ernst damit sei. Frank's Geheimthuerei und die Verehrung, mit der seine

---

[1] Vergl. darüber Skimb. p. 18 und 21. Den sechsspännigen Wagen Frank's erwähnt auch die Quelle bei Emden I p. 83a: הָאָרוּר יַעֲקֹב פְרֶעֶנְק הָיָה נֹהֵג בְּתַכְסִיסֵי מַלְכוּת בְּמֶרְכָּבָה עַל שִׁשָּׁה סוּסִים מְשֻׁכִּים אֶחָד וּבְמַלְבּוּשׁ מְלוּכָה. Ueber Frank's Begleiter **Ignatz Moliwda** „*Oberstlejtnant*" bei Skimb. p. 18, 21. Es ist derselbe, über den Mikulski dem Primas die skeptische Auskunft gab, Beilage 8. XXXII: *Eorum interpres . . . nationis Moschovita . . . in schismate . . . immiscuerat se sectae . . . quae vocitatur Philipowcy.*

[2] Skimb. p. 20. Schon die schwankende Zahl 1000, 2000, 7000 zeugt von Uebertreibung.

Anhänger zu ihm hinaufblickten, bestärkten nur den Argwohn. Einige tiefer blickende Christen sprachen schon ihre Vermuthung aus, dass die contratalmudistischen oder soharistischen Juden den Keim einer neuen Sekte bildeten, mit welcher man sehr vorsichtig verfahren müsse[1]). Die Talmudisten unterliessen nichts, wie sich denken lässt, diesen Verdacht zu bestärken; besonders bearbeiteten sie den Nuntius Serra, der von vornherein antipathisch gegen die Frankisten gesinnt war[2]). Auch dem Administrator Mikulski gefiel deren Hinhalten und Zögern mit der Taufe und deren Abgötterei mit Frank gar nicht. Er fühlte sich gewissermaassen compromittirt, weil er ihnen so viel Zuvorkommenheit erwiesen hatte. Sie verursachten ihm auch viel Kosten. Er musste für die meistens armen podolischen Sektirer drei Monate hindurch wöchentlich 630 Gulden nebst Nahrungsmitteln und Kleidung liefern[3]). Ihm sowohl wie den Juden lag daher viel daran, dass die Frankisten endlich zum Taufbecken treten mögen, jenem, weil er sonst vor seinen Standesgenossen als Düpirter erschienen wäre, und diesen, um jeder Solidarität mit ihnen los zu sein. Endlich beliebte es Frank, seinen Anhängern zu befehlen, sich der Taufe zu unterwerfen. Der Bisthumsverweser erliess in Folge dessen ein Rundschreiben an die Geistlichen und Mönchsorden aller Klassen (16. August), dass sie die Vorbereitungen zum Taufakt vornehmen mögen[4]). Sie hatten aber trotz ihrer so oft wiederholten Christelei eine solche Antipathie gegen die Taufe, dass sie es nur in Frank's Beisein und mit seinem Zunicken thaten; so oft er verhindert war, sich bei dem Tauf-Akt einzustellen, weigerten sich

---

[1]) Beil. 8. III: *Fenno pertanto sospettare che sia un' germoglia di nuova sella etc.*

[2]) Bei Emden I p. 82b, Schreiben des Rabbiners Abraham Zamość d. d. Anf. Marcheschwan = 22. Oct. 1759: רותים נוסדו יחד בתער ק״ק קאסטאנטין והסתיקו סוד
יחד כי אין מנוס לנו רק לעשות תחבולה להכריחם להתנצר ... וכבר הפריחו עד הנה
יותר משני אלפים אדומים ח״ל כבר המירו מרם אחה אנשים ותבוכם זהה בן אלישע את־
... תם אוחב שלא המירו עם רב המה והלכים בבגדי יהודים ... והנה שלחנו את
הרב אב״ד דק״ק טשעבכנאווצי וסעה סרחמסהי לעיר והארשוי ות״ה אשר מצאו חן אצל
ההגמון הנונציאום של האסיפיו.

[3]) Skimb. p. 20.

[4]) Das.

die Katechumenen, sich ihm zu unterziehen¹). Sie wussten recht gut, wie wenig Ernst es ihm mit seinem katholischen Bekenntniss war, und dass er es nur als Mittel gebrauchte, theils um nicht als Ketzer Verfolgungen ausgesetzt zu sein und theils um materielle Güter zu erzielen. Er hatte gar das Verlangen gestellt, dass nur die von ihm Vorgeschlagenen zur Taufe zugelassen werden sollten, worauf Mikulski nicht eingehen mochte²). Solchergestalt haben etwa tausend³) Frankisten, die polnischen und die von auswärts in Frank's Begleitung gekommen waren, die Taufe genommen, aber in beispielloser Heuchelei. Frank selbst liess nur den halben Taufakt an sich vollziehen (19. Sept. 1759); seine Taufpathen waren die Gräfin Brühl und ein hoher polnischer Adliger⁴); die nothwendige Ergänzung dazu wollte er erst in Warschau nachholen, um den König von Polen zum Taufpathen zu haben⁵). Diese Ehre bat er sich aus, um einen Vorzug vor seinen Anhängern zu haben und um sich mit dieser Auszeichnung erforderlichen Falles zu decken. Seine Schlauheit war auf Alles bedacht; wir werden weiter sehen, welchen Nutzen ihm diese königliche Pathenschaft gewährt hat. Zu diesem Zwecke trat er die Reise nach Warschau an. Einige seiner Leute schickte er voraus. Diese wurden auf der Durchreise durch Lublin von einigen fanatischen Juden mit Steinen empfangen; die Thäter mussten es schwer büssen. Sie wurden in Kerker geworfen und bestraft, mussten 1000 Mark Gerichtskosten und 2000 Mark an Frank zahlen⁶).

---

¹) Beil. S. VIII.
²) Bei Skimb. p. 21.
³) Wie gross die Zahl der getauften Frankisten war, lässt sich nicht bestimmt angeben. Vergl. ob. S. 52 Anmerk. 2. Abraham Szorgrod schätzt sie über 900 (bei Emden III p. 30a): (אתרי פרענק) אחכם סיעה גדולה יותר מחשע מאות איש שנפטו. Ein Schreiben aus Zamość d. d. 1760 spricht von mehreren Hunderten in der Nähe dieser Stadt (vergl. weiter unten). Hingegen ist die Zahl 102 (bei Emden IV p. 87b) zu gering: ובן ק״ב אנשים שנשחטרו במדינת פולין ·· כדי לחקן קליפת אדום ומתוך אותם ק״ב אנשים המה חסדי עליון. Diese Zahl beruht überhaupt auf einer Spielerei des Zahlenwortes קב, vergl. בית יהונתן p. 4b.
⁴) Bei Skimb. p. 22.
⁵) Der Zweifel bei Skimb. das. ist gelöst durch die Akten Beil. S. VI, VII, X.
⁶) Bei Skimb. p. 23.

In der polnischen Hauptstadt erschien Frank (22. Oct.), mit zahlreichem, türkisch gekleidetem Gefolge und machte grosses Aufsehen. Der Oberbürgermeister und der Administrator des Erzbisthums empfingen ihn im grossen Saale des Rathhauses. Dann machte er mit seinem Dolmetsch Moliwda Besuch bei polnischen Magnaten; die Zeitungen sprachen von ihm, wie von einem Ereigniss[1]). Er galt in den Augen der Menge als ein orientalischer Fürst, der mit seinen Unterthanen aus Ueberzeugung in den Schooss der katholischen Kirche eingegangen sei. Auf Verwendung der Prälaten nahm der König dessen Pathenschaft an und liess sich vom Bischof von Kiew Zaluski vertreten (25. Nov.[2]). Frank nahm den Namen Joseph an. Seine Frau, welche wegen ihrer Schwangerschaft in Lemberg nicht getauft werden konnte, nahm die Taufe in Warschau mit ihrem neugeborenen Töchterchen Eva oder Awalejb[3]), welche, später eine Schönheit geworden, den Schwindel ihres Vaters fortsetzte. Die polnischen Zeitungen brachten sämmtlich Berichte von der erfolgten Taufe dieses und jedes frankistischen Neophyten, und nannten die Namen der hohen Edelleute und Edelfrauen, welche bei denselben Pathen standen[4]).

Aber gerade nach der erfolgten Taufe Frank's und seiner Anhänger begann der Argwohn der Geistlichen an der Aufrichtigkeit von dessen Bekenntniss zu zweifeln und zu grübeln, um hinter sein wahres Wesen und seine letzten Absichten zu kommen. Das

---

[1]) Bei Skimb. das. p. 21.

[2]) Das. p. 23. Beil. S. X (8).

[3]) Das. p. 22, 25. In der Handschrift der frankistischen Erinnerungen wird die Tochter Awalejb genannt (*Nauka Fronka* das. p. 72 No. XXXVII), sowie die Mutter Awaczylejb, was eine jüdisch-polnische Verzärtelung des Namens sein kann. Uebrigens scheint Frank vorher eine Tochter Namens Eva-Rachel gehabt zu haben. Denn in der *Nauka F*. p. 44 No. III heisst es: „Zu Osman, welcher in der Stadt Nikopol beim Herrn war (damals war seine älteste Tochter Eva-Rachel nicht älter als ein halbes Jahr) sprach der Herr (F.): Sieh', ist meine Tochter nicht wie eine Princessin! In Wahrheit sie ist eine Princessin". Nach Peter Beer (a. a. O. S. 337) soll auch die Tochter, welche später eine Rolle spielte den Namen Rachel geführt haben. Ihre Geburt lässt sich nach obiger Angabe bestimmen; sie erfolgte, als Frank bereits in Warschau war, also Nov. Dec. 1759.

[4]) Bei Skimb. p. 24, 25.

Geheimniss, mit dem er sich zu umgeben wusste, sein aussergewöhnliches, wunderliches Betragen, die Gewalt, die er über die Neophyten hatte und die blinde Anhänglichkeit derselben an ihn fielen allzu sehr auf. Seine Autorität über seine Anhänger war so gross, dass selbst, wenn er Strafen über einige derselben verhängte, sie sich nicht einmal darüber beklagten[1]). Niemand wusste, woher er die Mittel nahm, fürstlichen Luxus zu treiben. Es hiess, er und sein ihm nahe stehendes Gefolge lebten von den Spenden auswärtiger Anhänger[2]). Aber gab es denn so viele Sabbatianer, um so grosse Summen für ihn aufzubringen? Es war eitel Aufschneiderei von den Frankisten, dass es deren viele Tausende gäbe, nicht bloss in der Türkei, Wallachei und Ungarn, sondern auch in Schweden (?) und in Deutschland[3]), es sei denn, dass sie die Anhänger des Jonathan Eibeschütz sämmtlich für Sabbatianer und auch für Anhänger Frank's gehalten haben. Mehrere derselben, die aus christlichen Ländern zu ihm in Lemberg und Warschau gestossen waren, hatten sich erst daselbst taufen lassen. Warum nicht schon früher, wenn der Katholicismus ihr ganzes Wesen erfüllte, wie sie vorgaben?[4]). Alles das erschien denen, die sie näher beobachteten, räthselhaft. Der Nuntius, der Administrator und andere Geistlichen warfen diese Fragen auf und wurden argwöhnisch. Zudem hatte Frank seine Unzufriedenheit damit, dass ihm und seinen Anhängern nicht ein zusammenhängendes Territorium angewiesen wurde, ausgesprochen und durch eine unvorsichtige Aeusserung verrathen: „dass ihm die Taufe nur als Mittel diente, um seine und der Seinigen Existenz zu sichern"[5]). So wurde er und seine Leute auf Schritt und Tritt umlauert, um Anhaltspunkte für ihre Heuchelei zu finden.

---

[1]) Beil. S. VIII: *L'assoluto imperio che il Frenk esercita sopra i suoi seguaci etc.*
[2]) Das. S. XIV, XV.
[3]) Das. S. III: *Diconsi altresi destesi in più migliaja nella Turchia . . . . così nella Srezia (?) e Germania.*
[4]) Vergl. das. S. VIII.
[5]) Das. S. XV (12): *Ha fatto conoscere che l'oggetto suo nell' abbracciar la Religione Christiana, è tanto quello di aver in questo Regno terre da abitare coi suoi seguaci, e messo di sussisterrvi.*

Der Franziskaner-Mönch Gaudontius Mikulski, der Katechet der frankistischen Neophyten, lockte einigen derselben Franks Mystificationen aus (Anfang Dec. 1759). Frank hatte nämlich angefangen, seine Anhänger gewissermaassen militärisch zu discipliniren; er wählte unter ihnen 12 aus[1]), nach einer kabbalistisch-typologischen Zahl der Söhne Jakobs, seines Vorbildes, und der zwölf Rinder des ehernen Meeres im Salomonischen Tempel. Ihnen theilte er die Uebrigen, die Menge, zur Ueberwachung zu. Von diesen zwölf hatte er sechs nach Warschau mitgeführt und die übrigen in Lemberg gelassen; zu diesen Letzteren gehörte Lucas Franciczek Wolowski, wie sich Salomon Schor aus Rohatyn nach der Taufe nannte. Sei es, dass er und seine 5 Genossen noch nicht genug in der Verstellungskunst geübt waren, oder dass sie (was wahrscheinlicher ist) etwas gegen ihren Meister im Herzen hatten und ihm einen Streich spielen wollten, genug, sie verriethen ihn: aus Naivität oder Bosheit. Sie gaben dem Canonicus Pikulski genau an, warum sie für Frank eine solche Verehrung hegten. Sie hielten ihn nicht bloss für ihren Propheten, der Alles, was da kommen sollte, vorausgesehen habe, und nicht bloss für einen Wunderthäter, dessen Mirakel sie selbst angestaunt hätten, sondern für Christus, der in Frank verborgen oder in ihm wiedergeboren sei. Sie hätten Jesu Wundmale an Frank's Kopf und Herzen wahrgenommen. Frank habe ihnen verkündet, dass er in Salonichi den Antichrist in der Person eines Juden Jakob von Tysmenic mit eigenen Augen gesehen habe; die Erscheinung des Antichrist setze natürlich (nach christlicher Mystik) Jesu Wiederkunft voraus (und er sei in Frank wiedergekommen[2]). Das Alles theilten die sechs frankistischen

---

[1]) Beil. S. XVI: *Di oner . . scelti fra i suoi seguaci dodici de' più confidenti . . . sei dei quali aveva condotti seco qui (in Warsavia), ed alteri sei lasciati in Leopoli.* Vergl. *Nauka F.* bei Skimb. p. 62 No. XXIV: „Ich hätte die ganze Genossenschaft in 12 Theile getheilt und über jeden Theil hätte ich einen von Euch gesetzt, mit dem Befehle, dass jeder Theil sich in eine Woyewodschaft begebe". — Das. p. 51: „Ich stellte Euch als zwölf Kinder Jakobs auf, und das sind die zwölf Rinder, auf welche Salomon das Meer errichtete".

[2]) Diese ganze Angabe ist in Beil. No. IV S. XXVIII enthalten, auch bei Skimb. p. 26, Beil. S. XIII weisst darauf hin: *una deposizione fatta . . . da alcuni neofiti, interrogati espressamente dal P. Pikulski . . . per iscoprire . . l'alto secreto della*

Apostel ihrem Katecheten Gaudentius Pikulski mit, und er säumte nicht, dieses Geständniss dem Administrator zu übermitteln, und dieser überschickte es dem Nuntius Serra. Dieser traf sofort Anstalten, um Frank's wahre Gestalt und Pläne zu entdecken. Er ertheilte einerseits dem Administrator Mikulski den Befehl, die Briefe, welche Frank an seine Frau und Vertraute (nach Lemberg) verschickte und von ihnen empfing, aufzufangen und zu erbrechen, um zu erfahren, was er im Schilde führte, und zugleich an den Bischof von Nikopolis, wo er so lange gewohnt hatte, zu schreiben und ihm an's Herz zu legen, genaue Erkundigungen über dessen früheres Leben und Treiben einzuziehen. Andererseits veranlasste Serra den Beichtvater des Königs, Pater Rauch, Frank in Verhör zu nehmen und ihn über die Eröffnungen der sechs Frankisten in Lemberg auszufragen. Indessen aus Frank war nichts herauszubringen; wie geschickt auch der Beichtvater in verfänglichen Fragen gewesen sein mag[1]), so war Frank doch noch schlauer im Antworten.

Allein, als sollte seine Schlauheit endlich an den Tag kommen, verrieth ihn gleich darauf (25. Dec.) einer seiner Anhänger. Dieser beklagte sich vor einem Geistlichen, dass Frank ihn von den Almosenspenden ausgeschlossen habe, welche für sämmtliche neophytische Frankisten einzulaufen pflegten, während er diese Gelder lediglich seinen fünfzig Vertrauten zuwendete. Diese zollten ihm

---

cioca dipendenza di queste gente del capo loro Gius. Frenk. Bei Skimb. p. 26 sind die Namen der sechs, welche vor Pikulski deponirt haben, aufgezählt. Liest man die Deposition genau, so kann man nicht umhin, darin einen maliciösen Streich seiner 6 Apostel in Lemberg gegen F. zu erblicken. Sie schienen ihn nur desswegen so unendlich hoch zu heben, um ihn ein wenig demüthigen zu lassen. Darauf weist Frank's Aeusserung über diesen Vorfall (*Nauka* F. p. 57): „Ich kam von Lemberg nach Warschau im Jahre 1760; ich thäte, was ich wusste, um die Herren in Zorn zu bringen und ihnen alle Schwierigkeiten zu machen. Und ihr spranget hervor, sechs aus Lemberg und sechs aus Warschau und sprachet gegen mich solche Dinge, die ich Euch nicht befohlen habe und finget gleich an, mir feindlich zu sein". In der *Nauka* (das. p. 60 No. XXI) sind die sechs Anhänger aufgezählt, welche ihn in Lemberg verrathen haben und die anderen sechs erwähnt, welche durch ihre Aussage ihn in's Kloster von Czenstichow gebracht haben.

[1]) Beil. 8. XIII, XIV.

auch einen vergötternden Cultus. Einige Tage in der Woche pflegten sie in Gegenwart ihres Oberhauptes in scheuer Andacht Psalmen in ihrer Sprache zu singen und ihn überhaupt förmlich zu adoriren[1]). In Lemberg erfuhr der Administrator, der die Taufe der Frankisten betrieben hatte, dass einige derselben, obwohl getauft, die Bigamie beibehalten hatten[2]) (d. h. die Wahl und Entlassung ihrer Frauen nach der verderblichen kabbalistisch-sabbatianischen Theorie von der seelischgeschlechtlichen Wahlverwandschaft). Bald kam noch mehr von Frank's Spiegelfechtereien an den Tag. Einige Anhänger — wahrscheinlich die sechs Apostel in Warschau — verriethen abermals sein Treiben (Januar 1760[3]). Sie bestätigten das, was Pikulski über sein Spiel erfahren hatte, dass er sich nämlich als Prophet, Wunderthäter und Messias gerirte, und ergänzten deren Aussage mit Hinweis auf die zwölf Apostel, die er ausgewählt hatte. Ein anderer Neophyte, von Frank gezüchtigt, soll angegeben haben, dass dieser in den katholischen Gebetbüchern, deren sich die frankistischen Convertiten bedienten, überall den Namen Jesus habe auslöschen und dafür seinen eigenen Namen Jakob setzen lassen[4]). Ein jüdischer Arzt soll sich eigens zu dem Zweck getauft haben, um die Frankisten entlarven zu können und soll angegeben haben, dass sie während des Gottesdienstes statt der Gebetbücher den Sohar vor sich haben[5]). In Folge aller dieser rasch aufeinander folgenden Enthüllungen liess der Generalofficial der Inquisition Turski Frank verhaften (26. Januar 1760); er wurde im Bernhardinerkloster bewacht[6]).

Im Processe, der gegen ihn vom geistlichen Tribunal angestellt wurde, kamen alle seine Schwindeleien an den hellen Tag, namentlich, dass er sich seinen Anhängern als den auf Erden niedergestiegenen Messias (d. h. menschgewordenen Gott) ausgegeben hatte,

---

[1]) Das. S. XIV.
[2]) Das. S. XV.
[3]) Das. S. XV, XVI. S. oben S. 58 Anmerk.
[4]) Bei Emden I p. 83 a.
[5]) Das. p. 83 b.
[6]) Beil. S. XVI: *L'uffiziale generale ha fatto arrestare il Frenk etc.* Skimb. p. 26.

sich von ihnen anbeten liess, und dass er in Polen nur darauf bedacht war, einen Landstrich angewiesen zu erhalten, um mit seinen Sektirern im Schatten der Heimlichkeit den mystischen Unfug fortsetzen zu können. Er hatte auch oft geäussert, wenn er nur zweihundert in Waffen geübte Anhänger gehabt hätte, würde er sich einen gesonderten Wohnplatz erkämpft haben¹). Es scheint, dass die Inquisition gegen die der Heuchelei angeschuldigten Frankisten die Folter angewendet hat²). Auch gegen Frank muss wohl die Tortur in Gebrauch gekommen sein; es ist sonst nicht erklärlich, warum dieser Erzlügner ein so offenes Geständniss abgelegt hat³). Er gestand nämlich ein, dass er, als Jude geboren, zur mohammedanischen Religion übergetreten sei, um irgend einen Vortheil von der Pforte zu erhalten. In seiner Erwartung getäuscht, habe er sich nach Kamieniez begeben, um sich zum Führer der Contratalmudisten aufzuwerfen. Er habe das christliche Bekenntniss geheuchelt und die Taufe empfangen, um dasselbe Spiel in Polen zu treiben, wie früher in der Türkei. Auf dieses Geständniss, verbunden mit der Aussage von Zeugen gegen ihn, wurde er als **öffentlicher Betrüger** zur Haft in einer Festung verurtheilt (am 19. Februar 1760). Er hätte eigentlich als betrügerischer Apostat und Häresiarch den Tod verdient; aber das Tribunal nahm Rücksicht darauf, dass der König sein Taufpathe, also gewissermaassen sein geistiger Vater, war; so sollte er mit der Kerkerstrafe davon kommen⁴). Er muss übrigens noch während seiner Haft in Warschau Gelegenheit gehabt haben, mit seinen Akolyten zu verkehren und Hoffnung gehegt haben, zu entkommen. Denn er liess den Sechsen den Befehl zukommen, keinem von ihnen bei seinem Austritt

---

¹) Das. S. X und S. XVII: *Si sia più volte dichiarato (F), che vi avesse .. dugent' uomini atti al maneggio delle armi, avrebbe ben trovato per se, e per quei che lo secondano il solido stabilimento.*

²) Schreiben des Lipman Kohen bei Emden I p. 83b: וימרו אותם ביסורים קשים והדו שאתכן אמותחם שהאמינו בשבתי צבי ואח"כ הבן ברכיע והשלישי הוא פרענק.

³) Beil. S. XVII (15) . . . *è stato publicato per un solenne impostore e come tale sarà racchiuso in luogo fortificato.*

⁴) Bei Emden I p. 83a: והנבאהו (לפרענק) לבית סוהרו שיסטחאב ולא הטתוהו כי חסים עליו לפי שהמלך היה שושבינו בהטבילתו.

aus dem Kerker zu begegnen. Allen seinen Anhängern liess er drei Punkte einschärfen: 1) „Wenn Ihr 99 mal gehorchet und nur ein einziges Mal nicht, so wird Alles für nichts gerechnet. 2) Wenn ich Euch sage, die Erde ist von Gold, so müsst Ihr's glauben und nichts dagegen einwenden. 3) Wenn Einer von Euch mich sieht im Wagen oder zu Ross oder zu Fuss, soll er mir nicht folgen, noch stehen bleiben, sondern seinem Geschäfte nachgehen, soll auch Niemandem sagen, auch nicht zu Hause der Frau, noch den Kindern, dass er mich gesehen hat; denn er würde in's Unglück gerathen"[1]). Indessen gelang ihm der Plan, aus der Haft oder auf dem Transport zu entkommen, nicht. Er wurde (März) nach der Festung Czenstochow in Ketten gebracht[2]), wo er dreizehn Jahre detinirt wurde. Dort soll er Anfangs sehr streng behandelt und gar gezüchtigt worden sein. Der Nuntius Serra schickte Berichte über Frank, dessen Entlarvung und über die Frankisten nach Rom, und diese Aktenstücke blieben über ein Jahrhundert im Archiv des Vaticans begraben; dadurch konnte Frank später noch seine betrügerische Rolle fortsetzen und auch noch nach seinem Tode angestaunt werden.

Vor der Hand war es mit der Herrlichkeit des podolischen Gottmenschen zu Ende. Diejenigen, die ihm nah standen, theilten sein hartes Loos. Wenigstens wurde sein eifrigster Parteigänger, Salomon Schor oder Lucas Franciczek Wolowski in Warschau in Ketten gelegt[3]). Der Tross der podolischen Frankisten wurde theils nach seiner Heimath entlassen, theils zu Schanzenarbeit an der Festung Czenstochow verurtheilt[4]). Auch diejenigen, welche sich frei bewegen durften, waren, durch Frank's Einkerkerung auch der geringen Unterstützung beraubt, in der elendesten

---

[1]) *Nauka* p. 70 No. 35, p. 71.
[2]) Das. bei Emden I p. 83b. Nachschrift von Lipman Kohen d. d. 29. Adar = 17. März 1760: כח שבתי צבי המה נפתריב איש מעל אחיו המה ממהדורי אפתחא
בית תפילתם לבאל לחם אין פורש להם הלכים ערוטים וחפי חשופי שת . הירשע
פרענק ישב במאסר בטשענסטראב תעשים בו שפטים בכל יום.
[3]) Das. p. 84a d. d. 4. Nissan = 21. März: בן אלישע אחר הסיר חזו והוא אסר
באוקים בעיר ורשיא, vergl. über ihn oben S. 8 Anmerk. 3.
[4]) Skimb. p. 27.

Lage. Das Christenthum durften sie nicht verlassen, weil sie einmal die Taufe empfangen hatten, und doch waren sie eben wegen ihrer Ketzerei, ja auch wegen ihrer Zerlumptheit bei den Christen verachtet, sowie den Juden verhasst. Sie bettelten halbnackt vor den Kirchthüren, bekamen aber selten etwas, wenn ihre verhungerten Gestalten nicht hin und wieder Mitleid erregten[1]). Später (October 1760) scheint die Geistlichkeit, um das äusserliche Zeichen des Christenthums an ihnen nicht allzu sehr der Verachtung preissgegeben zu sehen, einige Hundert derselben in die Gegend von Zamość (im Lublin'schen) transportirt zu haben[2]). Ihr Rachegefühl gegen die talmudischen Juden war, womöglich, durch die erlittenen Unfälle noch stärker geworden. Es machte ihnen eine hämische Schadenfreude, Unschuldige dem Tod zu überliefern. In einem Städtchen Woylawice (nordöstlich von Zamość) sollen die Frankisten eine ihrer Frauen als die Rabbinerin des Ortes verkleidet und animirt haben, sich zum Geistlichen zu begeben und die Anzeige zu machen, dass mehrere Juden des Ortes und ihr Gatte, der Rabbiner, mit ihnen, einige Christen umgebracht hätten. Darauf hin wurden die Angeschuldigten eingezogen, gefoltert und hingerichtet (Elul = Sept. 1761[3]). Die ächte Rabbinersfrau wurde in Folge dessen auch gezwungen, sich mit ihren fünf Kindern taufen zu lassen. Die übrigen Juden des Städtchens retteten sich durch die Flucht. Die Blutbeschuldigung gegen die talmudischen Juden, von den Frankisten mit so vielem Eifer betrieben, wurzelte sich dadurch in Polen tiefer ein, gerade zur Zeit, als sie in den civilisirten Ländern Europas immer mehr abnahm. Der Franciscaner Gaudentius Pikulski, der Katechet der Sektirer, hatte in dieser Zeit eine Anklageschrift gegen die Juden „Die Bosheit der Juden gegen Gott und Menschen"[4]) verfasst, worin er die Ursachen aufführte, aus welchen sie Christenblut gebrauchten. Er erzählte darin, laut Angabe der boshaften Frankisten, von der Entführung der Christenkinder durch Juden und von Ceremonien, unter welchen dieselben umgebracht würden.

---

[1]) S. oben die drittletzte Anmerkung.
[2]) S. oben dieselbe Anmerk.
[3]) Bei Emden I p. 85, Gewährsmann Lipmann Kohn aus Danzig.
[4]) Titel der Schrift oben S. 6 No. IV.

Frank schien seit seiner Einkerkerung in Czenstochow mehrere Jahre verschollen; aber seine Anhänger verloren ihn nicht aus den Augen; sie hingen um so zäher an ihm, als seine Leiden für sie erst recht als Bewährung seiner Messianität und seines Gottmenschthums erschienen, die sie sich gleich den älteren Sabbatianern typologisch zurechtlegten. Die Festung Czenstochow, zugleich ein frequentirter Wallfahrtsort für den Marien-Cultus, erlangte für sie eine hohe mystische Bedeutung; sie nannten sie, nach einer talmudischen Reminiscenz, die Pforte Roms (*Tar'a de- Romi*[1]), wo der Messias in Knechtsgestalt leiden müsse. Wie mir ein befreundeter Einwohner von Czenstochow, nach einer von seinem altgewordenen Vater empfangenen Ueberlieferung, mitgetheilt hat, soll Frank sich frei innerhalb der Festung haben bewegen dürfen und soll auch mit Juden verkehrt haben. Diese Freiheit mag er erst später, vielleicht durch Vermittelung seiner Frau und gewisser Protektionen, erlangt haben. In Polen gehörte Solches nicht zu den Unmöglichkeiten. Er fing auch wieder an, seine Spiegelfechtereien zu treiben, er hatte wieder Gesichte und Träume, wie er vorgab[2]). Er will in Czenstochow ein sterbendes Mädchen zur Genesung und ein gestorbenes dreijähriges Kind zur Auferstehung gebracht haben[3]). Er scheint sich auch mit einem Plane beschäftigt zu haben, seine Anhänger nach und nach in die Festung hineinzuschmuggeln und mit ihnen irgend einen Streich auszuführen. Etwas Anderes lässt sich aus den Vorwürfen nicht entnehmen, die er ihnen später so vielfach machte: dass sie sich nicht mit ihm dreizehn Jahre in der Festung eingeschlossen haben[4]). Sein Plan war ungefähr folgender, wie er ihn in der Intimität verlauten liess[5]): „Ich würde Euch ermahnt haben, dass Niemand verrathen sollte, dass er zu meinen Leuten gehörte, nur dass sie wie andere getaufte Juden wären. Erst dann würde ich drei von Euch gerufen haben, sich zu mir nach Czenstochow zu begeben, und ich würde befohlen haben, dass sie nicht

---

[1]) S. oben S. 10.
[2]) *Nauka F.* p. 43 No. II bei Skimb.
[3]) *Nauka F.* p. 48 No. XII.
[4]) Das. p. 60 No. XXI.
[5]) Das. p. 62 fg.

gerade in die Festung hineingehen, sondern während einiger Zeit sich in dem Städtchen an der Festung niederlassen sollten. Während dieses Verlaufes würdet Ihr ein kleines Portrait kaufen, und nachdem Ihr Euch gut in einem Zimmer mit geschlossenen Fenstern eingeschlossen und Ihr untereinander unter dem grössten Stillschweigen 3 Tage und 3 Nächte weder Speise, noch Trank, noch Schlaf gekostet hättet, nur knieend Gebete sprechend, welche ich Euch vor diesem Portrait befohlen hätte, 3 Stunden Vormittags, 3 Stunden Nachmittags und ebensoviel in der Nacht, so würdet Ihr etwas erblickt haben. Erst würde ich Euch befehlen, Euch gut zu baden und die Nägel an Händen und Füssen abzuschneiden und dann in Weiss gekleidet an das Thor der Festung in folgender Weise zu gehen: mit zu Boden gesenkten Augen, mit herabhängenden Händen und mit dem grössten Stillschweigen. Einheimische und Fremde würden dann sagen: „„Ihr seid toll"". Das würde in dieser Lage eine Zeit dauern, bis Ihr zu der Mauer gelangtet. Erst nach einiger Zeit würdet Ihr in die Festung kommen, bis man Euch zu mir riefe!"

Wie abenteuerlich oder wie schlau dieser Plan angelegt war, kann man beim Mangel an Nachrichten aus dieser Zeit nicht mehr ermessen. Es scheint ihm doch gelungen zu sein, mindestens mit drei seiner ehemaligen Auserwählten in Verbindung zu treten. Durch sie erliess er ein Sendschreiben (1767) an die Gemeinde von Brody, verkündete schauerliches Unglück und rief Wehe, Wehe über sie, wenn sie nicht die edomitische Religion freiwillig annähme[1]). —

Die beginnende Auflösung des polnischen Reiches, welche der ersten Theilung Polens voranging, bot Frank Gelegenheit, seine Schwindeleien wieder aufzunehmen. Katharina II. hatte ganz Polen in die Netze ihrer schlauen Politik eingefangen, zuerst die Nation durch die Wahl ihrer Creatur Stanislaus Poniatowski und dann den König durch die Aufstachelung der Nation gegen ihn gedemüthigt und geschwächt. Durch die Unterstützung und Bekämpfung bald der einen, bald der anderen Partei und durch die Anregung der Dissidentenfrage hatte sie Polen gespalten, und ihre

---

[1]) Bei Peter Beer a. a. O. II S. 330 f.

Truppen hielten die zähneknirschenden Patrioten in Zaum. In Folge
des Widerstandes des Bischofs von Krakau gegen die Gleichstellung
der griechisch-katholischen mit den päpstlichen Polen überschwemm-
ten russische Truppen das Bisthum Krakau, wozu Czenstochow
gehörte. Frank hatte Kunde von der sich vollziehenden Umwand-
lung, von der Unterjochung Polens durch die Russen, erhalten.
Schnell fasste er seinen Plan, es mit den Griechich-Katholischen zu
versuchen, um sich aus dem Kerker zu befreien und seine mysti-
ficirende Rolle weiter zu spielen. Er sandte drei seiner Anhänger an
den griechischen Bischof nach Warschau, bei demselben wegen
seiner Einkerkerung Klage zu führen: Er habe aus kabbalistischen
Schriften ersehen, dass die griechisch-katholische Confession die
allein rechtgläubige sei, und weil er diese Ueberzeugung öffentlich
ausgesprochen habe, sei er von den Römisch-Katholischen in Gewahrsam auf die Festung gebracht worden. Die Sendlinge baten,
die Russen mögen Frank aus seinem Kerker befreien, er würde
dann 20,000 Gesinnungsgenossen der griechischen Religion zuführen.
Der russische Bischof übergab hierauf den drei Frankisten Empfeh-
lungsbriefe nach Moskau an die dortigen Popen mit der dringenden
Bitte, deren Gesuch kräftig zu unterstützen. So kamen sie (Tebet
= Dez. 1767) nach der altrussischen Hauptstadt und fanden eine
günstige Aufnahme. Indessen fingen seine Kunststückchen dieses Mal
doch nicht. Seine Gegner, die talmudischen Juden, hatten Wind von
seinem neuen Spiele erhalten. Baruch Jawan, der ehemalige Agent
des Ministers Brühl, welcher auch in dieser Zeit mit dem geldbedürf-
tigen polnischen Adel in Geschäftsverbindung stand, machte einige
Würdenträger auf Frank's Machinationen zu Gunsten der griechisch-
katholischen Confession aufmerksam und erinnerte an dessen Apo-
stasie vom Katholicismus. Andererseits gab er auch den Russen
von Frank's Schwindeleien Kunde, wie er nach einander Jude,
Türke und Katholik war und in derselben betrügerischen Absicht
sich der griechischen Kirche zuwenden wolle. Auch auf den Umstand, dass Frank's Anhänger bettelarm wären und den Russen zur
Last fallen würden, falls diese ihnen ihre Protektion zuwenden
sollten, machte Baruch Jawan aufmerksam, und es gelang ihm,
Frank's Plan zu durchkreuzen. Unverrichteter Sache und beschämt
kehrten seine Sendboten aus Russland zurück (Adar = Februar

1768[1]). In demselben Jahre richtete Frank ein zweites Sendschreiben von Czenstochow aus an sämmtliche Juden[2]) mit derselben Ermahnung, sich der edomitischen Religion zuzuwenden. Er faselte darin prophetisch von grossen Umwälzungen, welche alsbald in Europa und im türkischen Reiche stattfinden würden. In Folge dessen würden sämmtliche Völker und Regierungen (die preussische nicht ausgenommen) die Juden hassen und anspeien. Welchen Zweck diese Brandbriefe haben sollten, lässt sich kaum vermuthen. Anklang fanden sie wenig. — In derselben Zeit begannen die Frankisten, wahrscheinlich auf Anregung ihres gefangenen Oberhauptes, Propaganda in Mähren zu machen. Hier, namentlich in der bedeutenden jüdischen Gemeinde Prosnitz fanden sie einen ziemlich günstigen Boden. Es gab hier seit der Zeit des sabbatianischen Pseudopropheten Löbele Prosnitz heimliche Sabbatianer, welche mit den podolischen Frankisten sympathisirten und keinen Anstoss daran nahmen, dass diese getauft waren. Kurz vorher hatte der jüngste Sohn des Oberrabbiners Eibeschütz von Altona, Wolf Eibeschütz, ein Frank im Kleinen, der mit den Frankisten in Verbindung stand, in Mähren Wühlereien getrieben und Kabbalisten zu heimlichen Zusammenkünften angeregt. Als daher zwei podolische Frankisten (Frühjahr 1769) nach Prosnitz kamen, fanden sie bei dem Gemeindevorsteher eine so kräftige Protektion, dass ihnen gestattet wurde — allerdings unter jüdisch-orthodoxer Maske — öffentlich in der Synagoge zu predigen. Viele Gemeindeglieder machten allerdings Opposition, und dadurch entstanden Reibungen in der Prosnitzer Gemeinde[3]). Von Mähren aus machten die Frankisten Propaganda unter den böhmischen Juden, besonders in Prag, mussten aber hier sehr vorsichtig und heimlich auftreten, weil der Oberrabiner Ezechiel Landau, der ihre Wühlereien von Podolien aus kannte, sie öffentlich in den Bann gelegt und ihre Heuchelei in seinen Predigten entlarvt hatte[4]).

---

[1]) S. Beil. VII.
[2]) Bei Peter Beer a. a. O. Auf Frank's zwei Sendschreiben an die jüd. Gemeinden beriefen sich seine Söhne später, bei Skimb. p. 38.
[3]) Bei Emden IV p. 153a fg.
[4]) Fleckels Predigt p. 23, 24.

Durch die erste Theilung Polens gelang es Frank selbst, sich wieder frei zu bewegen und seine Mystificationen von Mähren aus fortzusetzen. Nachdem diese Theilung (1772) thatsächlich vollzogen und der Widerstand der polnischen Conföderation vollständig gebrochen war, übergab der tapfere polnische Krieger Pulawski dem russischen Feldherrn Suwarow die Festung Czenstochow, eine der letzten drei festen Städte, welche die Patrioten vertheidigt hatten. Frank scheint dem russischen General oder einem Untergebenen den Glauben beigebracht zu haben, dass er und die Seinigen dem griechisch-katholischen Bekenntnisse zugethan wären, und darum sei er so lange von den Römisch-Katholischen in Haft gehalten worden. Sonst ist es nicht zu erklären, warum ihn die Russen (wohl Herbst 1772[1]) in Freiheit gesetzt haben. Es wird sich später zeigen, dass er von der russischen Kaiserin Katharina II. Geldunterstützung empfangen hat. Warum that sie das, sie, welche die Katholiken eben so heftig wie die Juden hasste? Offenbar muss sich Frank in die Gunst des Petersburger Hofes einzuschmeicheln

---

[1]) Fast sämmtliche Quellen geben an, dass Frank durch die Russen in Freiheit gesetzt wurde; als die zuverlässigsten nenne ich Czacki, *Rozprawa o Żydach*, Abhandlung über die Juden, erste Ausg. p. 102 Note 9, und den Zeitgenossen Flekkels in seiner Predigt. In dem Sendschreiben der drei Emissäre (wovon weiter unten) heisst es: „Als er im Jahre 1773 aus Czenstochow abzog, schickte er uns nach Lublin, Lemberg, Brody und in mehrere andere Städte, um allen Gottesfürchtigen bekannt zu machen, dass es nothwendig sei, sich zu taufen" (bei Peter Beer II S. 334). Das Jahr war wahrscheinlich nach der jüdischen Aera angegeben 5533, was auch Herbst 1772 sein kann. Die Frankisten bedienten sich immer noch dieser Aera; vergl. bei Skimb. p. 73, wo es in der *N. Franka* No. 5 heisst: „Worte, die wir aus seinem heiligen Munde im Jahre 544 vernommen haben, d. h. 5544 = 1784". Nun ist daselbst öfter angegeben, Frank habe 13 Jahr in Czenstochow gesessen, d. h. also von Anf. 1760 bis Ende 1772. Eigen ist es, dass seine Anhänger später angaben, er habe gerade 7 Jahre, 7 Monate, 7 Tage, 7 Stunden und 7 Minuten daselbst im Gefängniss zugebracht (bei Fleckels a. a. O. p. 5b):

יען אשר סכבשהו אשר חיל רוסיא את המבצר הרוא (טשענ׳) וקראו לשבויים דרור
יצא אף הוא (יעקב פרענק) עסרב ותעי לבב אמרו ברמים שדוה אסור בבית הסהר שבע
שנים, ז׳ הדשים, ז׳ ימים, ז׳ שעות, ז׳ רגעים. Meinten sie vielleicht, dass er nur 7 Jahre in strenger Haft war? Das wäre von 1660 bis 1667, was mit dem Obigen stimmen würde, dass er sich seit dem Jahre 1667 frei bewegt hat. Ueber Frank's Spielerei mit der Zahl sieben s. Skimb. p. 74.

gewusst haben. Wie ich von mehreren glaubwürdigen Personen vernommen habe, welche mir Traditionen von älteren Personen über Frank mittheilten, galt er zu seiner Zeit als ein russischer Spion. Nur durch diesen Umstand ist sein Leben und Treiben bis zu seinem Ende erklärlich, besonders seine bedeutenden Geldmittel; sein geheimnissvolles Wesen und seine Verbindungen in Polen machten ihn ganz besonders für Spionage geeignet.

Wohin sich Frank zunächst nach seiner Befreiung aus Czenstochow begeben und niedergelassen hat, ist nicht sicher, wahrscheinlich nach Brünn, wo er überhaupt eine lange Zeit weilte und heimliche Anhänger in der Nähe hatte[1]). In Polen selbst hat er sich wohl schwerlich öffentlich gezeigt, da er in diesem Lande rechtskräftig als apostasirender Ketzer verurtheilt war. Seine Haupt-Anhänger aus Polen fanden sich aber sofort zu ihm ein. Er empfing sie, noch voll von Rachegefühl gegen diejenigen, welche ihn früher wissentlich oder naiv verrathen hatten, äusserst barsch und fuhr sie mit den Worten an: „ich werde Euch den Kopf abhauen"[2]). Unterdess siegte doch seine Klugheit über seine Gereiztheit und weit entfernt, sie abzustossen, suchte er sie durch alle Mittel an sich zu fesseln. Freilich konnte er nicht die Hunderte seiner Sekte um sich sammeln; er verkehrte daher nur mit den Hervorragenden, namentlich mit den zwei Brüdern Schor-Wolowski und Jemerdski Dembowski (früher genannt Jerucham b. Lipman aus Czortkow). Sie sandte er nach Polen[3]), einen Aufruf an die Juden ergehen zu lassen, sich zu taufen, oder vielleicht Kundschafterdienst zu treiben. Diejenigen Frankisten, welche in Folge ihrer Taufe

---

[1]) In *Nauka* F. bei Skimb. p. 66 heisst es: „aber jetzt dulde ich in Brünn für Euch andere dreizehn Jahre". Da Fr. um 1788 in Offenbach eintraf, so muss er mindestens von 1775 an daselbst geweilt haben; die dreizehn Jahre sind vielleicht nicht continuirlich zu zählen, da er inzwischen auch in Wien lebte, wie auch in *Nauka* angegeben ist, bei Skimb. p. 45 V.

[2]) *Nauka* p. 57: „Als ich aus Czenstochow ging, sagte ich, dass ich Euch den Kopf abhauen werde; aber Gott behüte, dass ich das thäte: ich bin nicht gekommen, um Jemanden zu erschlagen, nur um Euch zu demüthigen, damit Ihr für die Genossenschaft ein Schrecken seid".

[3]) S. oben S. 67 Anmerk.

eine gesicherte Lebensstellung erlangt hatten, blieben natürlich in ihrer Heimath und bewahrten ihm nur einen geheimen Cultus, wenn sie nicht ernüchtert waren. So wallfahrteten nur solche zu ihm, die nichts zu verlieren hatten oder excentrische Naturen oder Wanderlustige, ein armes Gesindel von dem Schlage derer, welche man Polacken zu nennen pflegt, Abenteurer mit christelnden Allüren und jüdisch-polnischem Jargon. Aus der Noth machte Frank eine Tugend. Als er einst gefragt wurde, warum er Einfältige und Unverständige zu seinem Gefolge auserwählt hat, antwortete er: „Was wäre das für eine Kunst, wenn Gott mit Weisen und Gelehrten die Welt leiten wollte? Er will aber mit den Niedrigsten und Geringsten in die Welt treten, damit von solcher Grundlage aus sich seine Kraft offenbare"[1]).

Diejenigen, die sich Frank eng angeschlossen haben, nannte er Brüder und Schwestern und den Anhang die Genossenschaft (Chebra) oder das Lager (Machneh[2]). Wiederholentlich ermahnte er sie, ihm in Allem zu folgen, an ihn, als einen Gottgesandten, zu glauben und warnte sie vor Verrätherei[3]). Gehorsam gegen ihn, unbedingten, blinden Gehorsam predigte er ihnen immerfort als die höchste Tugend. Selbst wenn er ihnen befähle, die niedrigsten Dienstleistungen zu verrichten, Holz zu spalten oder Wasser zu tragen, müssten sie es freudig vollbringen, und als eine geweihte Handlung betrachten[4]). Er wollte gefügige Werkzeuge an ihnen haben, die seine Pläne und Intriguen pünktlich vollstrecken helfen, oder vielmehr er wollte Unterthanen haben, die seine Befehle freudig vollziehen sollten. Er stellte ihnen einen seiner Knechte, Wawrek, als Vorbild auf, „der keine Schrift kennt und keine Gedanken hat und dessen Augen niedrig sind"[5]). Da sie aber meistens kabbalistisch gestimmt waren, und er mit Mystik einmal begonnen hatte, so behielt er diese kabbalistisch-mystische Rolle bei und

---

[1]) *Nauka Fr.* p. 46 No. VI. Diese Frage richtete an ihn Imosć im Jahre 1785. S. auch das. p. 47 No. VIII.
[2]) S. das. p. 54, 56.
[3]) Das. p. 60 No. XXI.
[4]) Das. p. 63, 64; vergl. S. 71.
[5]) Das. p. 69 No. XXIII.

redete in dieser Sprache. "Das, was er sie lehrte oder ihnen offenbarte, sollte eine neue Religion sein; er nannte sie mit dem hebräischen Worte *Das* (eigentlich *Dath*¹). Er unterschied in seinem mystischen Jargon drei Stufen darin: „die erste ist die Taufe, die zweite das geheime *Das* und die dritte ist Edom"²). Was er darunter verstanden hat, ist schwer zu sagen. Er bezeichnete öfter als letzte Stufe, „in Edom oder Esau einzugehen"³). Den Katholicismus hat er damit gewiss nicht gemeint; denn er sagte seinen Anhängern geradezu, dass sie es damit nicht Ernst nehmen, sondern ihn nur zum Scheine bekennen sollten. „Wie der Patriarch Jakob seinen Vater durch ein Thierfell täuschte (sich für Esau ausgebend), so müssen wir das Kleid des Christenthums zur Täuschung anlegen"⁴). Sein *Das* sollte zunächst gerade darin bestehen, jede bestehende Religion, jede Ceremonie und jeden confessionellen Ritus abzustreifen. Er schärfte ihnen wiederholentlich ein, alle Lehren und Glaubensformen zu verwerfen und nur ihm zu folgen⁵). „Zu diesem *Das* muss man mit aller Wahrheit und Helle gelangen, sich lossagen von jeder Lehre, Religion, jedem Gesetze und jeder übelen Gewöhnung. Die, welche dort eintreten, müssen eine Stufe höher als andere Menschen stehen. Da ich dieses bei Euch nicht fand, führte ich Euch zur einfachen Taufe und ging selbst mit Euch"⁶). Er stellte seine Religion als etwas ganz Neues, allen vorhandenen Bekenntnissen Entgegengesetztes auf. „Als die Götter, die Leiter der Welt, sahen, dass ich zum *Das* gelangte, fürchteten sie sich, dass nicht dadurch etwas Neues herauskäme"⁷). Zuweilen hat es den Anschein, als ob Frank einen idealen Schwung genommen. „Jetzt

---

¹) Dieser Ausdruck kommt sehr häufig in *Nauka* vor.
²) Das. p. 61 No. XXIII.
³) Das. und öfter. Wie ehemals die Gnostiker gerade den *personae ingratae* der Bibel den Vorzug gaben, so auch Frank; er brachte auch Bileam, den Zauberer, zu Ehren; das.: „Wie wir kommen zu Esau, werde ich mit Bileam zusammenkommen, gäbe Gott, dass auch Ihr würdig seid, ihn zu sehen".
⁴) Das. p. 56 No. XIX.
⁵) Das. No. XVII.
⁶) Das. p. 55.
⁷) Das. p. 61 No. XXIII Ende.

hat man mich gesandt", sprach er einmal, „damit ich das ewige Leben auf der Welt herbeiführe, und mir hat man die Kraft gegeben"[1]). Aber das war lauter Egoismus, sich selbst stellte er als Mittelpunkt der Welt und der Zukunft hin und nannte sich in vermessener Weise Gott. „Wenn Ihr wie Wawrek (stupide gehorsam) sein werdet .. und Ihr mir folgen werdet, so werdet Ihr erfahren, was mein Name ist; nämlich Adonaï"[2]). Er liess sich von seinen Anhängern „heiliger Herr" nennen, was keine harmlose Titulatur war, sondern eine Person in der Gottheit bezeichnete[3]). Die Ziele, die er seinen Anhängern steckte, waren so gemein wie er selbst, ihr Vorbild. Er lehrte sie, nach Reichthum zu streben und ihn sich, sei es auch auf krummen Wegen und durch Betrug, anzueignen. Betrug sei nur ein geschickter Kunstgriff[4]). Er sprach nur von Geld zu ihnen, malte ihnen eine goldene Zukunft, verhiess ihnen, sie einen Menschen ganz von Gold erblicken zu lassen[5]). Gold und Rachenahme an den Feinden, d. h. an den Talmudisten, waren seine Lieblingsthemata. „Wenn Ihr zu Esau kommen werdet, werde ich Euch etwas zeigen und erblicken lassen, dann werdet Ihr in Menschen mit Schönheit, Höhe und Weisheit verwandelt werden, dann werdet Ihr wissen, was der Tag der Rache ist"[6]). Um seine jüdisch-polnischen Anhänger unauflöslich an sich zu fesseln, schmeichelte er ihrem Nationalstolze, dass sie, gerade sie, die Polen, die Auserwählten seien. In Brünn sagte er zu ihnen: „Sabbataï Zewi hat keine andere Frau geehelicht, als nur eine aus Polen, und er bedauerte es ausdrücklich: „„dass ich nicht

---

[1]) Das. p. 49 No. XV.
[2]) Das. p. 69 No. XXXIII.
[3]) Vergl. oben S. 15. Frank scheint diese Benennung in deutscher Sprache officiell eingeführt zu haben. Denn in einer Stelle in Nauka F. p. 65 kommt ein drolliger Passus vor: „Kein Mensch auf der Welt hat eine Seele, auch nicht Schabscha Zewi und der heilige Herr und die Patriarchen hatten alle eine Seele". Mitten im polnischen Satze steht das Wort „der heilige Herr" deutsch. Was dieser Passus bedeutet, darüber weiter unten.
[4]) Nauka Franks p. 69 No. XXXIV.
[5]) Das. p. 50 No. XVI.
[6]) Das. p. 61 No. XXIII.

nach Polen gehen kann!"")[1] „Ich stellte Euch wie einen Spiegel hin", sprach Frank zu seinen Aposteln, „der durchsichtig ist, ich selbst bilde die Unterlage des Spiegels, und Ihr wäret solche für die Genossenschaft und dann auf der ganzen Welt"[2].

Indessen, wie sehr er auch diese Genossenschaft bald durch Schmeichelei, bald durch Drohworte für seine egoistischen Pläne zu gewinnen trachtete, so haben sie es doch öfter an Gefügigkeit fehlen lassen und ihren blinden Gehorsam nicht zu seinem Dienste gestellt. Frank brauchte, um seine Rolle in den Augen der Aussenwelt als Fürst zu spielen, eine Leibwache, eine militairisch geschulte Schaar. Das war schon sein innigster Wunsch in Polen, ehe er verrathen wurde[3]. Er wusste recht gut, wie sehr eine militairische Eskorte imponirte. Die Mitglieder seines Kabbalisten-Ordens wollte er zu seiner Leibgarde machen und führte das militairische Exerciren für sie ein[4]. Allein die jüdischen Polen hatten vor dem Waffendienst Anfangs dieselbe antipathische Scheu wie vor der Taufe. Sie mit ihrer lässigen, linkischen Haltung sollten sich zur militairischen Dressur hergeben? Und wie vertrüge sich das mit der Kabbala? Ausserdem war Frank mit seinem herben, hässlichen Wesen nicht geschaffen, die Herzen zu gewinnen; er flösste eher Schrecken als Sympathie ein. Seine Anhänger mögen daher nicht selten einen rebellischen Sinn gegen seine Zumuthungen gezeigt haben. Da kam Frank auf einen Einfall, um von seinen Anhängern willigen, freudigen Gehorsam in allen Stücken zu erwirken. Seine Tochter sollte aushelfen.

Seine Tochter Eva oder Awalejb war indess zu einer blühenden Jungfrau herangewachsen. Alle, die sie gesehen haben, geriethen in Verzückung beim Anblick ihrer Schönheit und ihres Liebreizes. In Polen während der Haft ihres Vaters in Czenstochow erzogen und von adligen Taufpathen protegirt, scheint sie in diesen

---

[1] Das. p, 64 No. XXVI.
[2] Das. p. 56 No. XX.
[3] S. oben S. 60 Anmerk. 1.
[4] Ein Augenzeuge, der selbst dem frankistischen Hofe angehörte, berichtet, dass die neuen Ankömmlinge stets militairisch einexcercirt wurden. Siehe weiter unten.

Kreisen aristokratische Manieren angenommen und sich die anziehende Geschmeidigkeit der Polinnen angeeignet zu haben. Ihr kalter Vater war selbst voller Bewunderung für die leuchtende Schönheit der Tochter. Sie zog er in seinen Calcul hinein. Aber, wenn sie für ihn wirksam sein sollte, musste sie gewissermaassen vorher kabbalistisch consecrirt, d. h. in dem mystischen System untergebracht werden. Wie fing Frank das an? Nach der soharistischen und lurjanischen Kabbala weist jedes Wesen und jede Thätigkeit auf ein Höheres hin und wirkt darauf ein. Die sabbatianische Mystik kehrte den Satz um: jede höhere Idee oder alle göttliche Attribute verkörpern sich in einem irdischen Wesen. Frank brauchte daher nur seinen kabbalistischen Anhängern begreiflich zu machen, dass auch seine liebreizende Tochter die Verkörperung einer Idee sei, so war sie in dieses System eingereihet, und sie fanden sich mit ihr zurecht. Welche Idee sollte sie repräsentiren? Der „Glaube" die *Emuna* (oder nach jüdisch-polnischer Aussprache *Emine*) sei in die Hülle einer schönen Jungfrau eingegangen, und zwar in den Leib seiner Tochter[1]). Der prosaische Industrieritter Frank wird förmlich poetisch, so oft er von der Jungfrau, seiner Tochter, zu seiner Genossenschaft spricht. Jeder wird sie nach seiner Rangstufe sehen, je würdiger, desto schöner wird sie ihm vorkommen. „Sie wird die Brüder und Schwestern nehmen und sie mir übergeben"[2]). „Seitdem die Welt erschaffen

---

[1]) Die *Nauka Franka* sind voll von dieser Schrulle; fast auf jedem Blatt kommt *Emine* oder die Jungfrau *(Panna)* oder „sie" schlechthin vor. Dieses Räthsel wird durch einen Passus p. 66 gelöst. Das. heist es: „Ihr hättet hier zu mir in grosser Demuth kommen müssen, und sie *(Emine)* würde Euch lieb gewonnen haben, und jetzt wird sie sich auch der Welt offenbaren, und ihr Gang muss sein, dass sie durch meine Tochter kommt, und ihr vorbereitet seid, ihr zu dienen. Dass ein König komme, sie aus euren Händen zu nehmen, wie schon geschrieben steht: sieh' da, dein König kommt zu dir" (d. h. הנה מלכך יבא לך Zachar. 9, 9). Wir werden weiter sehen, was diese letzte Phrase zu bedeuten hat. Es ist aber aus diesem und dem Folgenden unzweifelhaft, dass Fr. seine Tochter für eine Incarnation der *Emine* ausgegeben hat, und dass *Emine* bei ihm *Emuna* (אמונה) bedeutet. P. 54 No. XVIII wird sie *Ajalis* genannt (אילת, die Gazelle), die im Sohar öfter eine Rolle spielt.

[2]) *Nauka* p. 52, 53.

wurde, ist keinem Menschen diese Jungfrau übergeben worden, nur
erst mir, damit ich ihr Hüter werde"[1]). „Ja eigentlich hat noch
kein Mensch auf der Welt eine Seele gehabt, auch nicht Sabbataï
Zewi, noch „der heilige Herr", noch die Patriarchen, es sei
denn die Jungfrau *Emine*"[2]). Seine Liebe und Bewunderung für
seine Tochter war so gross, dass er, der Vater, sich ihr unterord-
nete. „Wenn diese Jungfrau von uns ginge, so würden wir Alle,
wie ein Leib ohne Seele sein. Aber wenn sie sich offenbart, wird
ewiges Leben sein, und alles Gute wird Euch von dieser Zeit an
erwarten"[3]). „Sie soll Euch zu Esau führen, nur ihr gebühret Gehorsam und göttliche Verehrung". Das Allergeringste, was der
Jungfrau *Emine* oder *Eva* zugestanden werden müsse, ist zwei
mal sieben Mädchen zur Bedienung"[4]). Diese Inthronisirung seiner
Tochter muss Frank zur Zeit, als sie zur blühenden Jungfrau herangewachsen war, eingeführt haben (zwischen 1775—78).

Man kann sich denken, dass Eva's Schönheit Frank die besten
Dienste geleistet und namentlich auf die jungen Frankisten einen
so überwältigenden Zauber ausgeübt hat, dass sie ihr zu Liebe sich
Allem unterzogen haben, was Frank ihnen zugemuthet hat. Die
Disciplin, die Ordnung, die straffe Haltung, die später an Frank's
Leibhaiducken, Husaren und Ulanen bemerkt wurden, waren wahrscheinlich Eva's Werk. Indessen scheint es nicht an Reibungen
innerhalb der Genossenschaft gefehlt zu haben; das ganze „Lager"
oder ein Theil desselben hatte sich gegen die incarnirte Jungfrau
aufgelehnt. Frank wies sie derb zurecht und legte ihnen eine Strafe
auf: „Aber jetzt, weil ihr Euch gegen sie aufgelehnt habt, müsst
ihr für diese Zeit aus meinem Hause gehen und von ferne stehen,
müsst ihr Euch auf dem Fusse der Schafe befinden, und das ist das
Beste für Euch, damit sie Euch nicht schade . . . Wenn Ihr diese
dreizehn Jahre geduldet hättet, so wie ich Euch sagte . . . um zu
ihr zu gelangen und ihr ein Sohn zu sein, so wie steht: „Ich

---

[1]) Das. p. 54 No. XVIII.
[2]) Das. p. 65. Die Seele bedeutet hier die ganze, ungebrochene Gotteskraft, was die sabbatianischen Kabbalisten: נשמתא דכל חי nannten.
[3]) Das. S. 67 oben.
[4]) Das. p. 51.

habe dich heute geboren", d. h. von 13 Jahren bis jetzt, so kann er sich Sohn nennen¹). Aber jetzt in Brünn dulde ich noch 13 Jahre für Euch". Eine Aeusserung Frank's aus der Zeit, als Eva's Zauber nicht mehr so sehr zog und sie mit den Frankisten ihrer Umgebung unzufrieden war, ist zu charakteristisch, um sie mit Stillschweigen zu übergehen: „Ehe der Herr Jesus zum Leben einging, liess er unter den Nationen etwas zurück, was sie aufbewahren, wie Reliquien, das Kreuz und Anderes, die sie zum Andenken haben. Ebenso hattet Ihr von jenem Herrn²) (Sabbataï Zewi) Stückchen Tuch zum Andenken. Und jetzt wollte ich Euch zum Leben führen . . . und sie würde irgend etwas von sich geben, damit Ihr auch etwas zum Andenken habet. An jedem Orte, wohin Ihr kämet, müsstet Ihr ein Zeichen von ihr zeigen. Aber jetzt, was werdet Ihr thun, wenn sie Euch fragen werden, was Ihr in Händen habet?"

Der Lebensgang dieser mystischen Jungfrau ist übrigens eben so mysteriös, wie der ihres Vaters. Sie soll mit einem polnischen Edelmanne Jerzem Marcinow Lubomirski verlobt gewesen sein³). War das der König, der erwartet wurde, dass er zu ihr kommen sollte? Ueberhaupt sind wir über das, was bei und mit Frank während seines Aufenthaltes in Oesterreich vorging, sehr wenig unterrichtet: Ob er zweimal in Wien gewesen und von der Polizei wegen seines blendenden Luxus ausgewiesen worden, oder ob Eva's Schönheit einen so gewaltigen Eindruck auf Kaiser Joseph II. gemacht hat, dass er gar um ihre Hand angehalten habe⁴), oder ob ihn nur die bigotte Kaiserin Marie Theresia protegirt, ihr Sohn, Kaiser Joseph, dagegen ihn habe ausweisen lassen, weil Frank vorgegeben habe, von einer nächtlichen, dämonischen

---

¹) Das. p. 66. Die 13 Jahre aus dem Verse אני היום ילדתיך herauszubringen, kann nur vermittelst einer kabbalistischen Zahlenspielerei (גמטריא) geschehen sein.

²) Das. p. 67 No. XXIX. Herr Skimborowicz hat mit Recht vermuthet, dass hier unter dem Herrn S. Z. zu verstehen sei.

³) Skimb. p. 25 ohne Quellenangabe und mit dem Zusatze „Wahrscheinlich". Vergl. weiter unten.

⁴) S. Peter Beer a. a. O. Schenck-Rinck a. a. O. Anf.

Macht beschützt zu sein¹). Eine Quelle theilt mit: mährische Juden, deren Söhne von Frank's kabbalistischem Schwindel vielfach verführt worden wären, hätten gegen ihn bei der Regierung Klage geführt, in Folge dessen ihn Kaiser Joseph aus seinen Staaten verbannt habe²). Das Alles ist, wie gesagt, nicht historisch zuverlässig, weil keine authentische Quelle darüber vorhanden ist. Es coursirten so viele Gerüchte über ihn, dass man nicht mehr im Stande ist, Wahrheit von Dichtung zu unterscheiden. Aus seinen unbewachten Mittheilungen an die Seinigen geht zweierlei hervor, dass er in grosser Verlegenheit war, und dass er den Anhängern eine glänzende Zukunft verhiess, wo sie etwas ganz Ausserordentliches sehen und hören und in ein Land geführt werden sollten, wo noch kein Mensch gewesen. „Wie mich die Herren und Schuldner (Gläubiger?) drängten, wollte ich Euch aus meinem Hause schicken, damit Ihr nicht sähet, was mit meiner Bedrängniss geschieht. Aber jetzt, da Gott mir geholfen hat (denn Gott thut grosse Wunder für sich selbst), kann ich Euch diese Weisheit nicht enthüllen; wenn Ihr es wüsstet, so würdet Ihr verstehen, dass Gott nicht verstösst, und der gute Gott Euch noch will . . . . Ich wollte auf krummen und klugen Wegen kommen . . und wenn Ihr mir gefolgt wäret, so hätte ich Euch an den Ort geführt, wo noch kein Mensch war, so lange die Welt steht, obgleich sie über mich geklagt hätten. Aber Ihr tratet gegen mich auf, Ihr entzoget Euch meiner Gewalt . . Aber jetzt gäbe Gott, dass Ihr nach 24 Jahren zu dem Orte kämet, wohin ich Euch führen wollte, und dort würdet Ihr nichts sehen, sondern nur eine Stimme hören, wie sie mir und Euch zürnet, aber Euch würde nichts geschehen. Da würdet Ihr des ewigen Lebens und grosser Reichthümer theilhaftig werden, und Euch würde Niemand schaden können³).

---

¹) Bei Skimb. p. 28.
²) Calmanson a. a. O. p. 20, 21: *Cependant les Juifs de Brünn et des environs, parmi lesquels il (Frenk) avoit déjà beaucoup de disciples, voyant leur jeunesse, séduite par des principes qu'ils traitoient d'erronés, courir à ces leçons . . . . et leur enlever leur or . . . les Juifs portèrent contre lui des plaintes au Gouvernement. Joseph II. . . étant ennemi de toutes innovations religieuses . . . les chassa de ses états.*
³) Skimb. p. 68 No. XXXIII; s. auch das. No. XXVII und p. 66. Diese Worte sind nur für uns räthselhaft; seine Anhänger haben sie wohl verstanden.

Wie Frank in Polen auf den Besitz eines isolirten Landstriches (zwischen Busk in Gliniany) speculirte, um eine eigene mysteriöse Hofhaltung einzurichten, eben so scheint er in Brünn einen solchen Plan verfolgt zu haben. Endlich gelang es ihm im hohen Alter, eine Art Solitüde zu erwerben. Dem regierenden Fürsten Wolfgang Ernst von Homburg-Birstein in Offenbach, der von Schulden gedrängt war, kaufte Frank das Schloss in diesem kleinen Orte ab[1]) und zwar mit den Prärogativen, eigene Gerichtsbarkeit und Polizei über seine Leute zu haben und überhaupt vollständige Unabhängigkeit eines Souveräns zu geniessen. Oder muss erst der Beweis geführt werden, dass der „Bochur" Jankiew Lejbowicz aus Galizien, der sabbatianische Sektirer von Salonichi und Nikopolis, der Messias von Podolien, der Denunciant von Lemberg, der entlarvte Betrüger von Warschau, der Sträfling von Czenstochow, der Mystagog von Brünn identisch mit dem Baron von Frank in Offenbach ist? Nach dem Bisherigen dürfte die Beweisführung überflüssig sein, und das Folgende wird die Identität ebenfalls bestätigen. Wir begegnen in Offenbach denselben Personen, demselben geheimthuenden Charlatan Frank, seinen zwei Söhnen, seiner Tochter Eva, die noch immer als Jungfrau galt, zwar schon über die Jugendblüthe hinaus, aber noch immer von wunderbarer Schönheit, und auch den getauften Kabbalisten Schor-Wolowski; auch den kabbalistischen Hokus-Pokus werden wir im Schlosse des Barons von Frank antreffen. Der Zug der Polacken (wie sie genannt wurden) von Brünn nach Offenbach (1788—89), der Luxus, der dabei getrieben wurde und das geheimnissvolle Treiben in diesem Schlosse, sollen hier nicht geschildert werden. Man kann sie bei Schenck-Rinck nachlesen, der sie aus dem Munde seines mütterlichen Grossvaters und zum Theil auch seiner Mutter vernommen hat.

In Offenbach beliebte es Frank, eine andere Rolle zu spielen. Er liess sich nicht nur Baron oder „der Polenfürst" nennen, sondern er gab auch anzuhören, d. h. er liess durch seine Leute aussprengen und bestätigte es durch auffallende Zeichen: er sei eigentlich eine hohe, sehr hohe Persönlichkeit, eine entthronte Grösse,

---

[1]) Dass das Schloss in Offenbach von Frank angekauft wurde, berichtet der anonyme Gewährsmann bei Schenck-Rinck S. 33.

welche politische Wechselfälle zwängen, sich im Verborgenen zu halten, mit einem Worte: er sei der vom Throne gestossene und für todt ausgegebene Peter III. von Russland. Das schöne Fräulein in seiner Umgebung sei nur sein Pflegekind und stamme aus kaiserlich russischem Blute: sie sei eine Romanowna, eine natürliche Tochter der Kaiserin Elisabeth von Russland. Auf dem reichen Silbergeschirr, das auf Frank's Tafel gebraucht wurde, war eine Krone mit den Buchstaben E. R. gravirt, was Eva Romanowna bedeuten sollte. Die sogenannte Pflegetochter — sie gab sich zu allen Schwindeleien ihres Vaters her und setzte das Geschäft nach dessen Tode fort — unterzeichnete ein Aktenstück mit dem Namen Eva Romanowna. Frank selbst gab dem Fürsten Isenburg, als diesem Bedenklichkeiten wegen des geheimen Treibens dieser Genossenschaft aufstiegen, geradezu die Erklärung ab: die polnische Gräfin sei die Tochter der genannten Kaiserin, er und seine Söhne seien nur ihre Hüter[1]. So gut spielte er diese angenommene Rolle, dass nicht nur die Menge in und bei Offenbach an die hohe Abkunft der Familie glaubte, sondern auch der greise Fürst und der Grossvater des Herrn Schenck-Rinck, der durch seine Leichtgläubigkeit um eine bedeutende Summe geprellt wurde[2]. Frank brachte Anfangs nur einige Hundert Personen zu seinem Gefolge mit; nach und nach wuchs ihre Zahl auf 500 und 600 und stieg zuletzt auf 1000[3]. Junge Polen, Söhne seiner alten Anhänger, eilten nach Offenbach, um an dem Glanze des hohen Fürsten oder des podolischen Gottmenschen Theil zu nehmen. Auch aus Mähren und Böhmen kamen ältere und jüngere Sabbatianer zu ihm. Um sich bei der Bevölkerung beliebt zu machen oder auch aus einem edlen Herzenszuge, liess Frank oder seine Tochter wöchentlich den Armen der Gegend

---

[1] Von diesen Thatsachen muss man ausgehen, um hinter die Rolle zu kommen, welche die sog. gräfliche Polackenfamilie in Offenbach spielte. Dem anonymen Gewährsmann bei Schenck-Rinck verdanken wir die Nachrichten von diesen Thatsachen (p. 34 fg.). Das Gerücht von Frank's Identität mit Peter III. das. S. 5, 8, 23 hat ohne Zweifel Frank selbst durch seine Leute aussprengen lassen. Er wurde auch in einem mit einer Krone verzierten Sarge begraben; das. S. 21.

[2] Das. S. 17.

[3] Das. S. 11.

Spenden zukommen und übte überhaupt Wohlthätigkeit[1]). Woher er die Gelder nahm, um auf so grossem Fusse zu leben und so viele Personen an seiner Hofhaltung zu erhalten? Das blieb allerdings ein Räthsel. Die Summen, die ihm von reichen Sabbatianern aus Polen, Mähren und Böhmen zukamen, konnten nicht dazu ausreichen, wiewohl er ihnen das mitgebrachte Geld stets abnahm, um eine Art Gütergemeinschaft einzuführen und es lediglich zu seinem eigenen Nutzen zu verwenden[2]). Gewiss ist es, dass der russische Hof ihm Subsidien zukommen liess für Gegenleistungen, die ihrer Natur nach sich der Oeffentlichkeit entzogen.

Von aussen konnte kein Blick in das innere Treiben des Frankischen Schlosses in Offenbach eindringen. Er selbst, obwohl er deutsch sprechen konnte, liess sich immer von einem Dolmetscher bedienen[3]). Eva, die polnische Gräfin, die sogenannte Jungfrau *Emine*, blieb ebenfalls meistens unsichtbar. Glücklicherweise erfahren wir durch einen noch lebenden Greis (v. P. in P.), der einige Jahre nach Frank's Tode von seinem sabbatianisch gesinnten Vater an den Hof nach Offenbach geschickt wurde, dass der kabbalistische Spuk auch dort noch fortgesetzt wurde. Dieser, als sechszehnjähriger Jüngling in Frank's Leibwache eingereiht, fand in einem Zimmer des Schlosses ein Crucifix, ein Portrait von Eva in der Form eines Muttergottesbildes und drei greise Männer, welche vor kabbalistischen Folianten (dem Sohar) sassen. Auf einer Tafel waren hebräische Wörter zu lesen, die Namen der zehn kabbalistischen Sephiroth (Attribute oder eigentlich Entfaltung Gottes): Kether, Chochmah, Bina bis Malchut, die in der bekannten Spielerei vermittelst Linien mit dem Worte En-Soph (Unendlicher) verbunden waren. Wir lassen unsern Gewährsmann sprechen: „Einer der drei Greise redete mich an: „„Mein Sohn, die Schechina (die Incarnation Gottes) ist in

---

[1]) Das. S. 18 fg.
[2]) Calmanson a. a. O. p. 22: *Frank . . . établit une espèce de République Spartiate, où tous les biens devoient être en commun . . . . quant aux dupes qui fournissoient à ses prodigalités, il leur distribuoit avec économie quelques portions de son superflu, et leur persuadoit que la gloire de la société, étant inséparable de la sienne, l'éclat qui l'environoit, rejaillissoit sur eux.*
[3]) Bei Skimb. p. 11 und öfter.

Noth, sie wird von Edom und Ismael gefangen gehalten, ihre Kinder müssen sie erlösen und darum ihre Noth mit ihr tragen. Sobald die rechte Verbindung der drei Sephiroth als Dreieinigkeit hergestellt ist, tritt die Erlösung ein. Zwei davon sind schon als Menschen erschienen, wir müssen den dritten erwarten. Heil demjenigen, welcher dazu auserwählt ist, mit Tipheret (Schönheit) sich zu einigen; von ihm wird der Welterlöser geboren. Du, diene und wache, damit du zu den Auserwählten gehörest"" [1]). Hierauf erhielt ich einen Zettel, auf welchem die Tafel mit jenen zehn Namen abgebildet war. Dann wurde ich in die Wachtstube geführt, wo ich eine grosse Anzahl theils junger, theils älterer Leute militairisch eingekleidet und bewaffnet vorfand. Auch ich wurde so eingekleidet, erhielt Quartier und wurde am folgenden Tage cinexcercirt."

In dieser Erzählung des Erlebnisses eines biederen, glaubwürdigen Augenzeugen haben wir den Schlüssel zu Frank's Geheimnisskram. Kabbalistisches Gaukelspiel und militärisches Gepränge! Man nehme noch ein chemisches Laboratorium hinzu, womit Frank wahrscheinlich vor den Augen seiner unwissenden polnischen Genossenschaft Wunder that[2]). Den kabbalistischen Krimskrams verstehen wir recht gut. Die schöne Eva, obwohl bereits tief in den Dreissig, erwartete damals noch eine glänzende Partie. Sie, die incarnirte Sephirah Tiphereth (Schönheit), erwartete die Incarnation einer noch vermissten Sephirah, welche mit den beiden bereits in Menschengestalt Erschienenen die Dreieinigkeit bilden sollte. Von dieser Verbindung der Fleisch gewordenen Schönheit und dem erwarteten Unbekannten sollte der Welterlöser geboren werden. Unter den zwei erschienenen Sephiroth war wahrscheinlich Sabbataï

---

[1]) Zeitschrift „Achawa" (o. S. 11) S. 157 fg. Ich besitze von meinem gelehrten Freunde Herrn S. Nissen ein mit Figuren bemaltes kabbalistisches Blatt, das wahrscheinlich von einem Frankisten stammt. Der Gottesname und die Sephiroth kommen auf demselben in verschiedenen Variationen und Verschlingungen vor. Die Hauptfiguren sind: halbnackte Frauenzimmer, eine Schäferin, Engel, der Teufel, ein Kreuz, ein Hirsch (Symbol Sabbataï Zewi's), eine majestätisch gekleidete männliche Gestalt in einem rothen Gewande, wie überhaupt die rothe Farbe am meisten angewendet ist.

[2]) Schenck-Rinck S. 19.

Zewi und Frank gemeint. Eva's sehnsüchtig erwarteter Bräutigam sollte den Dritten im Bunde, die kabbalistische Dreieinigkeit der oberen drei Sephiroth Kether, Chochmah, Binah bilden. Auch die drei Greise, welche über Soharfolianten sassen, dem jungen v. P. und ein halbes Jahr darauf seinem jüngeren Bruder diesen Hokus-Pokus hersagten, kennen wir ganz gut. Es waren die beiden Brüder Schor-Wolowski und der dritte Dembowski früher Jerucham genannt[1]), welche einige Jahre später die jüdischen Gemeinden mit ihrem Blödsinn in kabbalistischem Kauderwelsch mit rother Schrift behelligten. Kehren wir zu Frank zurück. Esoterisch machte er noch immer den Mystagogen. Er trug einen rothen bis zu den Knien herabreichenden, mit Hermelin besetzten, seidenen Leibrock[2]). Nicht bloss er, sondern auch seine Leibwache kleidete sich in Roth und ritt röthliche Rosse[3]). Das Alles sollte seine Religion, die edomitische (*Edom.* hebr. roth), versinnbildlichen. — Frank's Unterthanen — denn endlich hatte er es dahin gebracht, solche zu haben — standen unter einem unerbittlichen Despotismus. Die inneren Geheimnisse verrathen oder entfliehen, war für die Mitglieder dieses eigenartigen Gemeinwesens fast unmöglich. Wer von seinen Husaren, Ulanen und anderem Tross nicht das Knie vor ihm beugte, wurde unbarmherzig bestraft. Ein Spionirstem war eingeführt, dass Einer den Anderen überwachen sollte. „Wenn Ihr beobachtet, dass Einer unter Euch schlecht spricht, so müsst Ihr ihn bestrafen, und wenn das nichts nützt, müsst Ihr Euch ganz von seinem Wege entfernen"[4]). Eine der Polinnen, welche aus dem Schlosse entfliehen wollte, wurde mit brutaler Gewaltthätigkeit wieder zurückgebracht[5]). Aber während die kleinstädtischen Offenbacher die Pracht und das Geheimniss von Frank's Hof anstaunten und ihrerseits von

---

[1]) Siehe oben S. 18 und weiter unten.

[2]) Schenck-Rinck S. 9.

[3]) Fleckels Predigt p. 17b: הא (יעקב) יצא ראשון ארמתי, לבוש אדום לבוש. גם רעיו הרעים מן האדום הזה רכבים על סום אדום וכול׳. Vergl. Skimb. p. 31, dass seine Diener und sein militairisches Gefolge roth und gelb gekleidet waren.

[4]) *Nauka Franka* bei Skimb. p. 57.

[5]) Zeugniss des Gewährsmannes bei Schenck-Rinck S. 35.

demselben Wundermährchen dichteten, lüftete ein ehemaliger Frankist, der früher in Warschau und 1790 in Breslau wohnte, den Schleier dieses Geheimnisses ein wenig. In einer Schrift unter dem Titel: „Frank's Hof oder Politik der Neubekehrten von einem Neophyten aufgedeckt", klagte er Frank's Anhänger an: dass sie geheime Zusammenkünfte hielten, an Frank förmlich Steuern leisteten, dass sie ihre Frauen nur aus ihrem eigenen Kreise heimführten, nie zur Beichte gingen, Getränke fälschten und noch manches Andere sich zu Schulden kommen liessen[1]). Der Anklagepunkt, dass die Frankisten sich nicht mit alten Katholiken verheiratheten, ist in der That begründet. Denn obwohl Frank in Offenbach hin und wieder den katholischen Ritus mitmachte, blieb er diesem Bekenntniss eben so fremd wie dem Judenthum und dem Mohammedanismus. Er warnte seine Anhänger, sich mit Christen zu vermischen: „Nichts führt so sehr von den göttlichen Wegen ab, als ein fremdes Weib. Die Israeliten werden mit der Taube verglichen (in einer Agada-Stelle), weil sie der Paarschaft treu bleibt. Wäret Ihr Brüder ohne Fehl, würdet Ihr Euch nicht mit anderen Gattungen (Familien) verbinden"[2]). Die verrätherische Schrift des Neophyten muss einiges Aufsehen gemacht haben; denn es erschien eine Gegenschrift von einem Frankisten[3]): „Antwort an Einen, der auf fremdes Gut neidisch ist und seinen Ruhm darin sucht, die Ehre seines Nächsten durch Veröffentlichung von Schriften zu verunglimpfen". Von diesem häuslichen Streit erfuhren die Offenbacher nichts; sie fuhren fort, Gross wie Klein, den fremdartigen Hof und seine Bewohner zu glorificiren und düpirten sich selbst.

Indessen fühlte sich der podolische Gottmensch seinem Ende nah und seinen Hausstand durch Schulden belastet, und er machte noch eine letzte Anstrengung, um die Zukunft seiner geliebten Tochter sicher zu stellen. Er erliess ein Schreiben an seine polnischen Anhänger, vorgebend, dass er sie vor seinem Tode noch sehen möchte; er wusste, dass die Wohlhabenden unter ihnen nicht

---

[1]) S. oben S. 6 No. VI, VII.
[2]) Nauka F. p. 68 No. XXXII.
[3]) Bei Skimb. p. 80 No. 33.

mit leeren Händen kommen würden. Seinem Rufe folgend, um seinen letzten Seufzer aufzufangen, schickten sich Männer und Frauen mit ihren Kindern besonders aus Warschau an, um die Reise nach Offenbach anzutreten; bedeutende Summen schickten sie nach Deutschland voraus. Die polnische Regierung erhielt aber Wind von dieser massenhaften Auswanderung und von dem Transport so vielen Geldes ausser Landes und liess auf sie an der Grenze vigiliren. Aber nur wenige frankistische Neophyten wurden festgehalten; das bei ihnen gefundene Geld, etwa 40,000 Ducaten, wurde ihnen abgenommen und wanderte in den Fiscus. Aber diejenigen polnischen Frankisten, welche Offenbach glücklich erreichten, sollen mindestens zwanzig mal so viel mitgebracht haben[1]). Auf diese Weise füllte sich wieder seine Casse.

Da er nicht lange darauf starb (Dec. 1791), so konnte sein Leichenbegängniss mit fürstlichem, Augen blendendem Gepränge vollzogen werden. Ich halte mich bei dem ausserordentlichen Pompe, der mit Frank's Leiche getrieben wurde, nicht auf; er ist damals in Frankfurter und Warschauer Tagesblättern beschrieben[2]) und diese Schilderung ist öfter wiederholt worden. Nur zwei Punkte sollen

---

[1]) Calmanson a. a. O. p. 21 fg.: *Frenk chercha à se ménager pour le peu d'instants qu'il lui restoit à vivre, une paix ... et des recources qui commençoient à lui manquer. En consequence il adressa à ses disciples de Pologne une espèce de circulaire, par laquelle il les appelloit auprès de lui, pour recevoir ses derniers soupirs. Dociles à ses ordres, hommes, femmes, enfants se disposèrent à quitter Varsovie . . et firent passer d'avance en Allemagne la plus grande partie des sommes ... Le reste, ils l'emportoient avec eux. Le Gouvernement fut informé, mais trop tard, de cette émigration . . . Toutes les mesures qu'il prit en cette rencontre se bornèrent à l'arrestation de quelques uns de ces Néophytes, qu'on rattrapa sur la route ... quarante mille ducats environ rentrèrent dans le trésor de la république; mais c'étoit à peine la vingtième partie de ce qui étoit passé dans l'étranger. Ceux qui échappèrent aux recherches se rendirent à Offenbach, où l'opulence arriva avec eux.* — Calmanson, der in Warschau lebte, scheint diese Nachricht aus authentischer Quelle geschöpft zu haben.

[2]) Skimb. referirt das. p. 30 eine Beschreibung nach einem gedruckten Blatte in deutscher Sprache mit einer Abbildung des Leichengepränges, das als Ueberschrift hat: „Nachricht von dem Tode und der Beerdigung des als Haupt der sich in Offenbach niedergelassenen Polen Herrn Baron von Frank". Die Schilderung des Leichenbegängnisses auch bei Schenck-Rinck S. 21 fg. laut Mittheilung seiner Verwandten.

aus der Beschreibung, welche die Warschauer National- und Fremdenzeitung den 11. Januar 1792 davon gab, hervorgehoben werden: „Die Reichthümer dieses Menschen, von denen man nicht weiss, woher sie anwuchsen, die Menge von Leuten, die er sich hielt, und seine Lebensweise, erweckten bei Allen Neugierde. Heute kann man nur das von ihm wissen, dass er das Haupt einer Sekte war, welche im Orient ihren Ursprung hat und sich schon seit hundert Jahren ausbreitet. Die Grundsätze dieser Sekte sind noch nicht bekannt. Frank und seine Anhänger, die zum grössten Theile aus Polen, Griechen und Armeniern bestanden, besuchten den katholischen Gottesdienst, hatten aber ausserdem ihre eigenen Conventikeln". — Der Referent war nicht schlecht unterrichtet. Auch ein zweiter Punkt ist nicht unwichtig: „Vor Beginn des Zuges (mit Frank's Leiche) näherte sich jeder dem Körper, berührte nach jüdischem Brauche seine Füsse und bat um Verzeihung[1]) . . . . Alle Anwesenden warfen nach jüdischem Brauche eine Handvoll Erde auf das Grab".
. . . . Hätten Herrn Schenck-Rincks Verwandte diese Ceremonien eben so beachtet, so hätte dieser nicht behaupten können: Frank's jüdische Abkunft sei ohne jeden Anhaltspunkt[2]). Thatsache ist es, dass bei Frank's Leichenbegängniss kein Geistlicher fungirt hat[3]).

Mit Frank's Tode hörte der Schwindel noch nicht auf, seine Tochter setzte das Geschäft fort. Ihre zwei Brüder Rochus und Joseph zählten nicht. Hatte der Vater sie doch noch bei seinem Leben gewissermaassen zum Oberhaupt seiner edomitischen Kirche erkoren. Die Ordnung und innere Einrichtung blieben unverändert. Die drei frankistischen Greise fuhren fort, im Sohar zu studiren, typologische Deuteleien auf ihre Sekte zu suchen, auf die kabbalistischen Sephiroth hinzuweisen und den Bräutigam-König für die Jungfrau *Emine* oder die Sephira *Tipheret* zu suchen. Eva Frank war eine eben so schlaue Betrügerin wie ihr Vater. Auch sie gab vor,

---

[1]) Bei Skimb. p. 35 fg.
[2]) Bei Schenck-Rinck S. 20.
[3]) Skimb. p. 36. Auch Schenck-Rinck giebt das Factum zu, dass bei Frank's Leiche kein Geistlicher fungirt hat (S. 20), zieht aber eine falsche Folgerung daraus.

Träume und Gesichte zu haben[1]). Für ihr nicht sehr keusches Verhalten liegen, wenn auch keine Thatsachen, doch einige Indicien vor. Einige Jahre nach Frank's Tode war jener Jüngling von sechszehn Jahren aus guter Familie (der schon angedeutete v. P.) von seinem sabbatianischen Vater nach Offenbach geschickt worden, um ihn der Militairpflicht, welche Joseph II. auch den Juden auflegte, zu entziehen. Er hatte einen Empfehlungsbrief an Wolf Eibeschütz (den Sohn des Oberrabbiners Jonathan Eibeschütz), welcher sich Baron nennen liess und in Dresden wohnte. Dieser, welcher von seinem Jünglingsalter an mit den Sabbatianern und Frankisten in Verbindung stand und in seiner Jugend eine ähnliche

---

[1]) Fleckels Predigt p. 25 b: שאלין הורשין... מזונה מופקרת אשר היא מדברת
מאי מדברת? נבעלה תחתרה היא נטמאה. זאת אומרת כזאת וכזאת ראיתי במראה את
כל התלאה אשר יקרא לעם נלאה. Es war dieselbe Art Androhung von Strafgerichten
über die ungläubigen Juden, wie Frank sie in seinen Brandbriefen verkündete.
Es ist nicht zu verkennen, dass hier unter der „Buhlerin" Eva gemeint ist.
Ihr keusches Verhalten verdächtigt folgendes Moment. Es ist bereits angegeben,
(o. S. 75), dass sie mit einem Fürsten Lubomirski verlobt gewesen sein soll.
Bei F.'s Leichenbegängniss gingen seine drei Kinder rechts und ein Fürst M. L.
(d. h. Marcin Lubomirski) links (s. Skimb. p. 36). Skimb. meint, die Stelle in
dem Rundschreiben seiner Söhne d. d. 1800 (w. S. 89): „Im Sohar heisst es: es
wird ein Mann kommen (Adam) und eine Frau Eva genannt", sei eine Anspielung auf Eva's Verlobten Lubomirski (p. 38). — Nun erzählt Schenck-Rinck
(S. 16) laut Traditionen seiner Verwandten, dass nicht lange nach Ankunft Frank's
und seines Gefolges in Offenbach „eine Dame aus der nächsten Umgebung
Eva's — man nannte und begrüsste sie als russische Fürstin Lubomirska, deren Gemahl bald nach der Ankunft der Polacken wieder abreiste —
in Wochen kam. Alt und Jung wurden, je zwei Frauen, in das Wochenzimmer
gelassen, und die Wöchnerin reichte aus einer mit Goldstücken gefüllten Chatoulle
jeder der Frauen ein reiches Geschenk". Wenn es vielleicht einen Fürsten
Lubomirski in Frank's Gefolge gegeben haben mag, so war doch ganz entschieden eine russische Fürstin Lubomirska nicht darunter zu finden. So viel wissen
wir aus den Quellen, dass dieses Gefolge lediglich aus Juden und Jüdinnen bestand.
Drängt sich nicht hierbei die Vermuthung auf, dass die Jungfrau Eva selbst die
hohe Wöchnerin Lubomirska gewesen sein könnte? Dass Frank seine Tochter mit
einem Christen verlobt haben soll, ist schwer anzunehmen, da er vor der Mischehe
gewarnt hat (o. S. 82). Wer war nun der mysteriöse, angeblich russische Fürst
Lubomirski in Frank's Gefolge? Vielleicht sein Dolmetsch, der sogenannte moskowitische Oberstlieutenant Moliwda? (s. o. S. 52).

Jungfrau in Salonichi wie Eva heirathen sollte (o. S. 14), gab dem Jünglinge Geld und Briefe an Frank's Tochter mit. In Offenbach angekommen, wurde er in einen Salon vor die „Dame" geführt, deren Schönheit ihn bezauberte, übergab ihr die Briefe und wurde von ihr mit den Worten entlassen: „Hier ist das wahre Heil", wenn er sich der Hausordnung fügen und solchergestalt von Stufe zu Stufe steigen würde. Darauf wurde er zuerst zu den drei greisen Kabbalisten und dann in den Waffensaal geführt, um militairisch geschult zu werden. Das Geld, das er mitgebracht hatte, sowohl das von seinem Vater angewiesene, als das von seiner Mutter ihm mitgegebene, verschwand in Eva's Casse. Der Jüngling, wie die übrigen männlichen Schloss-Bewohner versammelten sich jeden Abend zu den drei Kabbalisten, um deren hebräische Vorträge zu hören. Sie erhielten hebräisch geschriebene Gebete und Lehrsätze und vernahmen Klänge von zehn Sephiroth, von Sabbataï (Zewi) von dem Messias-König, wovon die Wenigsten etwas verstanden. Gesprochen wurde im Innern des Offenbacher Schlosses öfter von einem Alten, der als Malchuth (letzte Sephira) bezeichnet wurde; „gesehen hatte ihn Niemand von uns". — Ein geschlossener sechsspänniger Wagen fuhr an gewissen Tagen mit Eskorte in die katholische Kirche, in dem ein Mann gesessen haben soll, den Alle den „Herrn" nannten; er galt als der Baron von Frank, aber gesehen hat ihn Keiner". Man merke wohl, das geschah 6 Jahre[1]) nach Frank's Tode, und Eva, „welche die Seele der ganzen Gesellschaft war", flösste den Anhängern der niederen Stufe den Wahn ein, ihr Vater lebe noch, „Jakob ist nicht gestorben"![2]) (nach einer typologischen Deutung). Ein halbes Jahr später wurde sein jüngerer Bruder (aus P.) an den Hof von Offenbach geschickt, und man machte ihm denselben Hokus-Pokus vor. Lassen wir ihn selbst sprechen: „Viele räthselhafte Personen kamen und gingen; immer

---

[1]) Das Alles ist die Aussage des v. P. in der Zeitschrift „Achawa" S. 158, 159. Wie er angiebt, wurde er 1781 geboren und ging als Sechzehnjähriger nach Offenbach, also um 1797, sechs Jahre nach Frank's Tode.

[2]) יעקב לא מת, das kehrt in den Sendschreiben der Frankisten stets wieder. Calmanson a. a. O. p. 22: Jusqu'à cet instant on les voit (les disciples de F.) réunis d'opinion ... attendre follement la resurrection du ferube.

wurde man auf's Neue gespannt auf Dinge, die da kommen sollten. Die drei Gelehrten (Kabbalisten) hielten nach wie vor unverständliche Ansprachen, und es wollte mich endlich bedünken, als ob wir die Werkzeuge eines Gaukelspiels seien". Der ältere Bruder wollte sich endlich einmal Gewissheit verschaffen und hoffte aus Eva's Mund die Wahrheit zu vernehmen. Aber schon beim Eintreten empfing sie ihn mit den Worten: „Sie haben Böses im Sinne, warum verlassen sie ihren Posten?", als ob sie in seiner Seele gelesen hätte. Die Gauklerin hatte ohne Zweifel von ihren Hausspionen von des Jünglings Stimmung Kunde. Anfangs imponirte ihm diese scheinbare Allwissenheit der schönen Zauberin, aber bald war seine Geduld zu Ende; er entfernte sich mit seinem Bruder „aus diesem räthselhaftem Kreise, ohne auf ein Hinderniss zu stossen". Die Disciplin war damals bereits gelockert.

Die Geldquellen waren nämlich versiegt, und Eva machte Schulden, um den Glanz des Hofes fortzuführen; sie beliefen sich zuletzt auf drei Million Gulden. Leichtgläubige, die sie für eine Romanowna hielten, machten ihr Vorschüsse, und dazu gehörten auch die Verwandten des Herrn Schenck-Rinck mit bedeutendem Kapital. Die Geldquellen hörten Ende 1796 auf, gerade im Jahre, als die russiche Kaiserin Katharina starb, wie Schenck-Rinck richtig bemerkt[1]). Viele Schlossbewohner verliessen in Folge dessen den Hof, nahmen in Offenbach und Umgegend Arbeit oder kehrten in ihre Heimath zurück. Diese Geldverlegenheit hiess in der Diebessprache dieser Genossenschaft: „die *Schechinah* ist in Noth, ihre Kinder müssen sie erlösen"[2]). Ihre Gläubiger vertröstete Eva täglich mit der Anwartschaft auf bedeutende Summen aus Russland. Aber ihre Hoffnung richtete sie nach einer anderen Seite. Sie liess nämlich von ihren drei Kabbalisten gerade in dieser Zeit rothe Briefe an die jüdischen Gemeinden richten[3]) mit Drohungen in kabbalistischem Kauderwelsch,

---

[1]) Schenk-Rinck S. 24.
[2]) Zeitschrift „Achawa" S. 157.
[3]) Fleckels, welcher die Einleitung zu seiner antifrankistischen Predigt Ende 1799 niederschrieb, bemerkte, dass seit **zwei Jahren** von Frankisten Sendschreiben an die Gemeinden adressirt wurden: ה שנתים ימים על עם ה' סוד מערימים
ושלחו אגרות ורות סודרות בכל עירות בדברי שטות ובורות ות'.

wenn sie sich nicht zur edomitischen Religion bekehrten oder Gelder gäben. Der Anfang dieser Sendschreiben lautete stets: „Wisset, als unser heiliger Herr in der Pforte Roms weilte, hat er das und das prophezeit". Von böhmischen und besonders Prager geheimen Sabbatianern wurden auch Gelder nach Offenbach geschickt — auch Jünglinge wallfahrteten noch immer dahin — wahrscheinlich um sich der Rekrutirung zu entziehen. Der Prediger **Eleasar Fleckels** von Prag zog von der Kanzel gegen diese zunehmende Wallfahrt los (gegen das jüdische Neujahr 1798 und 1799): „Was wollt ihr in dieser kleinen Stadt (Offenbach) bei Menschen, die weder Juden noch Christen sind? ... Wollt ihr dort das Waffenhandwerk erlernen? Da habt ihr doch die kaiserlichen Armeen und ihre Kriegeskundigen"[1]). Aber die eingegangenen Almosen von den Gläubigen reichten nur noch aus, um den Glanz der Hofhaltung Eva's vor Erbleichen zu schützen. Sie konnte noch in ihrem Viergespann fahren; aber die Gläubiger zu befriedigen, vermochte sie nicht, nicht einmal die Bäcker, Fleischer und andere Handwerker bezahlen, welche in blindem Glauben an die Solidität des frankistischen Hofes Waaren geliefert hatten[2]). Einige Creditoren, die sich nicht durch leere Versprechungen beschwichtigen lassen wollten, traten energisch auf und bedrohten die „heilige Jungfrau" und ihre Brüder mit Personalhaft. Da hatten diese die Kühnheit, in Offenbach eine Proklamation (17. Januar 1800) anschlagen zu lassen, dass sie bald Gelder aus Russland erwarteten: „Auf Allerhöchste Einladung seiner russischen kais. Majestät wird sich unser geliebter Bruder den 1. Juli nach St. Petersburg begeben und nach sechsmonatlichem Aufenthalte zurückkehren und unter militairischer Bedeckung einen solchen gehörigen Geld-Transport mitbringen, welcher alle unsere Gläubiger befriedigen wird ... Diejenigen aber, welche unserem Namen einigen Schandfleck angethan, werden nach geschehener Auszahlung ihre gebührende Strafe öffentlich dafür erhalten". Das

---

[1]) Fleckels Predigt p. 26a.
[2]) Aus dem Aktenstück bei Schenck-Rinck S. 25. Alles Folgende ist dieser Schrift entnommen, deren Verf. gerade über diese Zeit durch seine Eltern gut unterrichtet ist.

war natürlich lauter Lug und Trug. Alles, was geschehen konnte, war, dass die drei Hauskabbalisten, die Brüder Schor-Wolowski aus Rohatyn und Dembowski (genannt Jerucham) aus Czortkow, abermals ein drohendes rothes Sendschreiben an die Gemeinden erliessen, gefüllt mit kabbalistichen Floskeln, worin unter Anderem gesagt wurde: „Der erste Jakob (der Patriarch) ist vollkommen, der letze aber (Frank) noch vollkommener, worauf auch der Sohar zielt, wenn er sagt: „Es wird ein Mensch kommen in Gestalt Adams und ein Weib wie Eva""[1]). Auch die beiden Söhne Frank's erliessen rothe Briefe in demselben Jahre ähnlichen Inhalts[2]). Die Gemeinden, welche solche Drohbriefe erhielten, zitterten; sie fürchteten von Seiten der Frankisten Denunciationen und Blutanklagen. Allein, das Alles war von keinem Nutzen für Eva. Sie reiste angeblich, noch immer mit grossem Gepränge, nach Venedig, vielleicht nur nach Dresden zu Wolf Eibeschütz, und Rochus ging angeblich nach Petersburg; beide kehrten aber mit leeren Händen zurück. Die leichtgläubigen Offenbacher mochten noch immer nicht an die Schwindelei der Polackenfürstin glauben. Die Mutter des Herrn Schenck-Rinck, deren Vermögen in Eva's Händen zerronnen war, wandte sich an den Fürsten von Homburg, ihn um Hilfe anflehend, ihre Schuldforderung zu effektuiren, und der bethörte Fürst vertröstete sie: „dass Niemand bei der Familie Frank etwas einbüssen werde". Die Gläubiger wurden dadurch zu weiterer Geduld vertröstet. Bei dem Durchzuge des Kaisers Alexander durch Frankfurt (1813) mit den Verbündeten, welche Napoleons Sturz herbeiführten, wandte sich Eva um eine Audienz an ihn. Er bewilligte ihr auch in Folge dessen eine Zusammenkunft in Homburg; Einige behaupteten, der Kaiser wäre in ihrem Hause abgestiegen und hätte darin eine Zeit verweilt[3]). Sie scheint auch von ihm — durch Erinnerung an die Dienste, welche ihr Vater der Kaiserin Katharina geleistet — ein Geldgeschenk erhalten zu haben. Denn der Hausbedarf wurde in dieser Zeit baar bezahlt und keine neue Schulden gemacht. Die Gläubiger konnten aber noch immer nicht befriedigt werden. Da

---

[1]) Bei Peter Beer a. a. O. S. 332—339; vergl. auch oben S. 85 Anmerk.
[2]) Bei Skimb. p. 38 nach Raczyński.
[3]) Bei Schenck-Rinck S. 27 und 35.

liessen endlich (1817) „auf Betreiben der Familie W. in Mainz, die ihr ganzes Vermögen nicht nur in den Säckel der Frank'-schen Hofhaltung hatte fliessen lassen, sondern auch dadurch ihre geachtete Existenz zerstört hatte, die Grossherzoglich Hessischen Gerichte auf Anordnung des damaligen Gouverneurs von Mainz, Erzherzog Karl, Hausarrest über das Fräulein, die Kämmerlinge und Dienerschaft verhängen. Dies geschah an einem Samstag Morgen; Erzherzog Karl kündigte zugleich seine Ankunft in Offenbach für den folgenden Montag an, um an Ort und Stelle persönlich Erklärungen über den wahren Stand und Namen des Fräulein von Frank entgegen zu nehmen". Spät genug! Nachdem Frank und seine ihm ähnliche Tochter 28 Jahre ihren Humbug getrieben hatten, sollte erst eine Untersuchung über Stand und Namen des Fräuleins eingeleitet werden! Alle Welt war darauf gespannt, was endlich an den Tag kommen wird. Da hiess es mit einem Male: das Fräulein sei plötzlich gestorben. Kaum zwölf Stunden nach erfolgtem Tode wurde der Sarg geschlossen, und ein stilles Leichenbegängniss fand statt. Wenn, wie Herr Schenck-Rinck, durch mehrere Indicien bestärkt, vermuthet, Eva an diesem Tage nicht gestorben, sondern durch Mithilfe eines ehemaligen Isenburgischen hohen Staatsbeamten entflohen ist, so war der Abschluss dieses frankistischen Schwindels des Anfangs würdig. Die Gläubiger der drei Millionen (Gulden) waren ebenso wie die Gläubigen geprellt.

Die Frankisten in Polen, welche durch ihre Anfangs heuchlerische Taufe und ihre guten jüdischen Köpfe zu Reichthümern und Ehrenstellungen gelangt waren, bewahrten ihrem Oberhaupte noch lange ein gutes Andenken und befolgten seinen Rath, sich nur unter einander zu verheirathen. Das geschah noch in der ersten oder zweiten Generationen. Ob ihre Nachkommen noch im Geheimen frankistisch gesinnt und dem Katholicismus noch immer abhold sind, weiss der unter ihnen in Warschau lebende Dr. Skimborowicz selbst nicht zu beantworten[1]).

---

[1]) Skimb. a. a. O. p. 3.

Beilagen.

Aus:

„VETERA MONUMENTA POLONIAE ET LITHUANIAE"

ed.

Augustinus Theiner

(Romae, 1864. Fol.)

Tom. IV, Pars I.

No. LXXXVIII.

(pag. 151—165.)

PONTIFICATUS CLEMENTIS PP. XIII.

I.

Nicolaus Serra archiepiscopus Mytilenensis nuntius apostolicus pontificem de quadam secta Judaeorum in Polonia, Talmudum impugnantium, et studium catholicam fidem amplectendi simulantium certiorem reddit, adjectis monumentis eandem sectam concernentibus. (Nunciat. Polon. Vol. 204.)

Varsavia, 27. Giugno 1759.

[1] Ho l'onore d'aggiungere alla presente mia ossequiosissima un foglio impresso, che porta seco l'intimazione esibita negli atti della curia arcivescovile latina di Leopoli, per parte degli Ebrei Antitalmudisti contro i loro impugnatori, chiamati alla disputa pei 16. del prossimo mese di Luglio nella suddetta città. (Vide infra pag. 161.) Dall' altro foglio, che unitamente presento all' E. V., si degnerà di rilevare le repliche date dall' amministratore del suddetto arcivescovado vacante ai questi da me proposti sul proposito degli Ebrei dianzi mentovati a Monsig. Primate del Regno. (Vide infra pag. 164.)

Varsavia, 1. Agosto 1759.

[2] Ricorsero a me nella passata settimana gli Ebrei Talmudisti, dolendosi che chiamati alla disputa coi loro avversarj in Leopoli vi erano stati obligati dall' amministratore di quell' arcivescovado sotto pena di mille talleri. Mi sembrò ben ardua la condizione, nè potendo dall' altro canto affatto crederla, scrissi al suddetto amministratore, che me ne avesse informato. Soggionsi che non sapevo affatto commandare simili dispute, come le più conducenti a fomentar lo spirito del partito che a ridurre le persone nel buon senso. Dissi inoltre che saggiamente questo Monsig. Primate, replicando al memoriale degli Antitalmudisti, aveva loro significato non poter essi non che poco istruiti dei dommi Cristiani entrar a questionare, valendo assai più la verità a convincerli, ed il buon odore delle virtù coll' ajuto della grazia ad abbracciarla che la forza e le pene, mezzi totalmente opposti alla libertà ed alla mansuetudine del Vangelo.

Mentre che queste cose si andavano qui regolando, mi capitarono le lettere di Leopoli, e da una del P. D. Girolamo Moro, Chierico Regolare e Prefetto di quel Collegio Pontificio, venni ragguagliato, che nel giorno 16. del passato mese si era aperta la disputa fra i due partiti, celebrandosene la prima sessione in quella Cattedrale sotto la presidenza dello stesso amministratore, il quale parlò alle parti con efficacia zelo ed amore; essendovi intervenuti come invitati i più cospicui Ecclesiastici della città, in gran copia le persone qualificate e della cittadinanza. Degli Antitalmudisti che sul principio se ne promettevano più centinaja, comparirono soltanto poco più almeno di dieci, all' opposto de Rabbini di Leopoli e de' luoghi della provincia della Russia, che furono di gran lunga i maggiori in numero.

Terminata l'allocuzione del presidente fu letta in Polacco una specie di esposizione della fede secondo i moderni Antitalmudisti dal proprio interprete, è quell desso che assiste loro allor quando tali controversie furono esaminate nel concistoro vescovile di Kamiuiek, ed intorno alle quali il defonto Monsignor Dembowski promulgò l'ampio suo decreto.

p. 152 Dopo la lettura della sudetta esposizione si procede dall' interprete a quella della prima proposizione riferita in Ebraico ed in Polacco, essendo questa „Gli oracoli de Profeti intorno alla venuta del Messia si sono di già adempiuti", adducendone in riprova i testi delle divine scritture. Commise allora il presidente che fosse data una copia della sudetta proposizione al notajo quivi intervenuto, e fu accordata altresì ai Rabbini una simile copia dei testi allegati che avevano richiesta, limitandosi di poi la prossima sessione ai 18. e 19. del precedente mese, ed in tal guisa fu dato fine alla prima.

Riferisce ancora che due giorni appresso fecero gli Antitalmudisti l'istanze all' amministratore, che si desse loro un numero certo di carri per trasportare a Leopoli la gente della loro fede che trovasi presso Kaminiek, e qualche somma di danaro per spesarla nel viaggio: ma ambedue con giusto motivo furono negate, poichè quanto ai carri, essendogli stati sul principio offeriti, e da essi ricusati come non necessarj, sembravano ora men' opportuni al fine della disputa, che sarebbe innanzi all' arrivo di quelli già terminata: assai impropria era poi la domanda del danaro per non aver essi ancora ben manifestati i proprj sentimenti.

Aggiunge in oltre il suddetto P. Moro i seguenti riscontri, che però valuta come congetture, e detti delle persone che si occupano a ragionare sul caso presente. Si dice adunque che molti degli odierni Antitalmudisti se ne sieno raccolti sulle frontiere di Polonia, vegnenti dalla Turchia, dalla Vallacchia e dall' Ungaria, avendo seco il loro capo chiamato Frenk, tenuto da essi in un' eccessiva venerazione. S'ignorano tuttora quali sieno di questo i sentimenti e de seguaci, tantochè si scorge nei medesimi una condotta quanto ministeriosa*), straordinaria ed impenetrabile ove tenda, altrettanto ambigua, perchè le parole sono di Cristiano. Fanno pertanto sospettare che sia un germoglio di nuova setta fra gli Ebrei, ed obbligano chi vi ha mano a procedere con tutta la cautela. Diconsi altresì distesi in più migliaja nella Turchia, nelle provincie dianzi mentovate, così nella Svezia e Germania. Si ha di più qualche barlume che in alcuni luoghi abbiano il segno della s. Croce, che vivano da se e separatamente dai Cristiani, com' altresì che il nome del capo Frenk non sia altramente pro-

---

*) Leg: misteriosa G.

prio della persona, ma appellativo della gente o della **supposta setta**. Conferma di poi che quantunque non sieno le riferite cose che leggieri congetture, alle quali non può prestarsi finora alcuna fede, esiggono non perciò dell'attenzione. E finalmente esponendo il suo pensiere particolare, conchiude il ragguaglio così: „Qualunque sia la cosa in se stessa, ho stimato di manifestarne il sospetto ecc. tanto più che alcuni de capi col loro interprete essendo stati ancora da me ed avendo secoloro parlato, senza testimoniarlo, sono entrato vieppiù in dubbio, che la loro o almeno dei più sia una vera vocazione alla fede Cristiana Cattolica, la quale mi pare in oltre, che non compatirebbe nè la lunga dilazione di molti anni a condurveli per la porta del santo battesimo, nè maggior premura di farsi dei seguaci, prima di divenirne essi di Gesù Cristo."

Varsavia, 15. Agosto 1759.

[3] L'amministratore dell' arcivescovado di Leopoli, che richiedei d'informarmi sul ricorso degli Ebrei Talmudisti, ammoniti sotto la pena di mille talleri di comparire alle dispute, com' ebbi l'onore di scrivere a V. E. colla mia ossequiosissima del primo di questo mese, mi ha riferito che tutto diverso era già il suo pensiero dal coartar questa gente, innanzi che comparissero le sette proposizioni esposte degli Antitalmudisti nel manifesto esibito negli atti della curia, e sulle quali doveva ravvolgersi la disputa, osservatosi però il tenore dell' ultima colla quale, discussa che fosse dalle parti, venivano a sapersene gli orrendi principj: ed essendo dall' altro lato ben certo che i Talmudisti, forse per non rimanerne convinti, si sarebbero sottratti dal comparire in Leopoli, mosso dall' importanza del caso e dall' altrui consiglio aveva aggiunta la sudetta pena contro chiunque avesse sfuggito di comparire. La settima delle proposizioni esposte è la seguente: „Thalmud docet, sanguine Christianorum egere, et qui credit in Thalmud, tenetur eo indigere."

Quanto poi alle dispute permesse agli Antitalmudisti coi loro avversarj, diceva che lo stimulo continuo dei primi di volerle, e la protesta di non rendersi Cristiani senza aver data prima una publica prova della loro confessione di fede, ve lo aveva obbligato, seguitando anche in ciò il consiglio dei sapienti: che se dalle dispute suddette non si sarebbe ritratto quel profitto che speravasi, sarebbe però ridondata qualche sorta di bene nella plebe Giudaica fatta venire, perchè sentisse e s'istruisse alle ultime sessioni tenutesi alli 23. ed alle 30. del passato mese. In fatti essendosi parlato sulle tre prime proposizioni inserite nel manifesto stampato, i Rabbini Talmudisti quantunque si fossero ben preparati a rispondere, vennero confusi dagli Antitalmudisti, sostenuti di poi senza interruzione degli uni e degli altri da due Ecclesiastici del paese p.153 uno secolare e regolare l'altro, in guisa che la suddetta plebe Giudaica, che nulla mai si diparte dal detto de' suoi maestri, ebbe a dire loro, che rispondessero, se potevano, alle dichiarazioni dei testi de Profeti sulla venuta e sulla divinità del Messia, allegati con tanta forza, ma in vece di farlo se ne partirono dal consesso confusi ed avviliti.

Veramente che che ne sia delle dispute fatte sulle tre prime proposizioni, e sopra le altre tre che debbono esaminarsi, l'ultima di esse tal qual ella è esposta, merita la dovuta riflessione, e questa è quella che mi ha indotto a non accordare la richiesta inibizione, trattandosi di una cosa assai necessaria a verificarsi per mezzo degli Ebrei medesimi, e precisamente se l'indigenza del sangue Cristiano sia per essi un principio di religione, sembrando che sia tale attesi gl' insegnamenti del Talmud. Qualora pertanto fosse per aver sussistenza un tal orrendo principio, potrebbero attribuirsi ad esso le cause dell' uccisioni de Cristiani, delle quali sono stati tante volte accusati gl' Ebrei ne' tribunali di questo Regno, e gioverebbe eziandio di venirne a capo, perchè i signori Polacchi valendosi di tal gente per economi e fittajoli de proprj beni, con tanto aggravio è servita de poveri terrazani, ne rimanessero illuminati, giacchè tanto poco effetto ha prodotta in essi l'ammonizione fattane loro da S. M. di Benedetto XIV. coll' enciclica scritta su tal proposito nell' anno 1751.

Passando ora all' altro capo che riguarda gli Antitalmudisti in particolare, e serve a quanto V. E. si degna di commandarmi coll' umanissima sua del corriere ordinario: quantunque l'oggetto medesimo d'esservi non pochi fra gli Ebrei desiderosi di unirsi al gregge di Gesù Cristo, abbia eccitate le speranze ed i voti de fedeli, l'effetto però dell' une et degli altri sembra ancor così remoto, che non v'è che la pura lusinga che ne appaghi. Si vede chiaramente che gli autori medesimi delle suppliche rimangono tuttavia nell' antica loro cecità: niuno di essi ha finor domandato le opportune istruzioni per inoltrarsi al s. battesimo. Si sente altresì che neppur procurano la salute eterna col battesimo de loro bambini che muojono nell' infanzia, così tutte che dan luogo di assai dubitar della loro sincerità, mentre che questa solamente si affetta coll' impegno di non comparire affatto miscredenti.

È poi gran tempo che insorte fra Ebrei ed Ebrei simili contese, furono gli odierni Antitalmudisti tradotti dagli avversarj ai tribunali castrensi del palatinato di Podolia; ma trattandosi di questioni pertinenti alla Religione se ne rimise da essi la cognizione al defunto vescovo di Kaminick dalla di cui sentenza appellarono i Talmudisti ai regj tribunalj. Non vedendosi perciò gli Antitalmudisti salvi dalle persecuzioni degli avversarj, ottenero un salvocondotto dal Re per non aver ulteriori molestie; dalle quali però non vedendosi affatto liberi, si crede che l'affettar come un mezzo termine il Cristianesimo possa giovar loro, e che infatti non siano che una nuova setta di gente, come altra volta si disse.

In ordine poi alle domandate fatte colle suppliche date a S. M. ed a Monsig. Primate, niuna di esse è stata loro accordata. Il secondo bensì fece saper loro, che nulla si prometteva fuori dell' eterna ricompensa, accordata a chi professa le verità del Vangelo, e divenendo essi di lui seguaci, non mancheranno i signori del Regno sì ecclesiastici che secolari di protegerli e di ajutarli. (Vide infra p. 158 et 159.)

Finalmente ho avvertito il suddetto amministratore di Leopoli, che se in sequela delle dispute chiedesse taluno degli Ebrei d'essere istruito per essere indi battezzato, me ne avvisi regolarmente, indicando la condizione delle persone, se dotte o idiote, se chiare fra quelli oppur oscure.

Varsavia, 24. Ottobre 1759.

[4] Pervenne in questa città jer l'altro a sera il capo degli Antitalmudisti chiamato nel battesimo ricevuto in Leopoli Giuseppe Frenk, con una comitiva di persone vestite alla Turca e per la più parte battezate. L'oggetto principale della sua venuta

qui si suppone che sia quello di ricevere il compimento delle sacre cerimonie omesse in Leopoli, e se oltre ciò vi sarà qualche altra cosa, che ancor s'ignora, si farà manifesta colla presenza di lui, e colla qualità delle domande che farà

Nulla poi in questo intervallo è occorso in particolare che sia stato degno di generale menzione, continovandosi le istruzioni di quei che sopragiungono di mano in mano, ed amministrandosi agli già istruiti il santo battesimo, sani di corpo o infermi con pericolo di morte. L'odierno mio dovere si restringe unicamente a rendere V. E. consapevole dell' arrivo qui del suddetto Frenk (alias Frank).

Varsavia, 31. Ottobre 1759.

[5] Non era noto ne' passati giorni qual altr' oggetto avesse il viaggio a questa città del neofito Giuseppe Frenk, capo degli Antitalmudisti, oltre quello di ricevere il supplemento delle sacre cerimonie omesse nel di lui battesimo in Leopoli. Si è però renduto p.154 palese in progresso coll' aver supplicata la Maestà del Re a degnarsi di essergli padrino nel compirsi i sacri riti, e di destinar a se ed a proprj seguaci un luogo di stabile dimora in questo Regno. Quanto al primo capo io son persuaso, che la Maestà Sua vorrà accordargli la grazia che richiede, e rispetto al secondo ho inteso che taluni di questi signori non ricusino di prenderne qualche porzione sulle loro terre più o meno, che siene atte a contenerne.

Sulla condotta però di questi Ebrei ha l'amministratore dell' arcivescovado di Leopoli comunicati alcuni riflessi a Monsig. Primate ed ai vescovi del Regno, poco men differenti da ciò che fu esposto da me su tal proposito a V. E. colle mie de' 15. Agosto, 12. Settembre e 3. del cadente mese. Accennai bensì nella prima di queste com' ignota la condizione del Frenk, e dissi che tal denominazione credevasi propria della persona ed appellativa della gente. Ora però si sa che vengono chiamati così tutti gli Ebrei abitanti nel paese Turco, come lo era il neofito Giuseppe, originario però di questo Regno, ma unitosi in matrimonio con femmina di Nicopoli.

Omisi inoltre di riferire per esser allora incerta, e lo è tuttavia, l'opinione che tra gli Ebrei di Turchia si sia diffuso l'errore de' Metempsicosisti, e quantunque l'amministratore di Leopoli neppure oggidì la tenga per vera, non lascia peraltro di sospettarne, osservando che questa gente custodisce in un profondo secreto quanto ha di massime e di principj. Quello però che è affatto evidente, concerne l'assoluto impero, che il Frenk esercita sopra i suoi seguaci, e la cieca soggezione di questi ai voleri di lui, tanto che neppur si lamentano se il gastigo, che ingionge per le trasgressioni de' suoi ordini, eccede la misura dell'errore. Hanno date tali riprove di simile dipendenza nell'istruzioni per il battesimo, che se il Frenk vi era presente, niun mancava, laddove la cosa non procedeva egualmente, se ei per qualche occorrenza non era puntuale a comparire; aggiungendo l'amministratore che i più non si sarebbero battezzati, se esso non li avesse preceduti coll'esempio, facendo ben dubitare, se costoro con tal condotta abbiano cercata semplicemente la verità, ovvero si sieno renduti servi del voler di quest'uomo. Osserva di più che non i soli abitanti del paese Turco, ma eziandio quelli de' varj palatinati della Polonia e dell'Ungheria sieno passati in Leopoli per abbracciar il Cristianesimo, essendo facile il persuadersi che un apparente motivo vi abbia condotti i primi; ma non già i secondi, perchè nati in paesi Cattolici, senza alcun disagio, anzi con maggior commodità avrebbero in essi potuto ricevere le istruzioni ed il battesimo: seppur altro non puol congetturarsi di loro che l'idea di collegarsi col Frenk, e di formar un intera popolazione in sito prossimo allo stato Ottomano, l'abbia mossi con pericolo della Religione che hanno abbracciata, e del buon ordine del principato, in cui voglion dimorare. Conclude pertanto l'amministratore le proprie considerazioni supplicando i prelati di procurare al neofito Giuseppe un luogo nel centro del Regno, per troncar ogni fomento alla supposta di lui ambizione di dominar i proprj seguaci, di far sapere al comune de' neofiti di Leopoli, che ciascuno si procacci il paese, onde aver modo di sussistere, che non ricusino le offerte de' signori e benestanti impegnati di dar alla loro prole educazione e stato, e finalmente che per assicurare la Religione, e la quiete pubblica la pietà de' prelati ne accolga qualche porzione nelle rispettive diocesi, sovvenendo loro spiritualmente e temporalmente, non essendo quella sola di Leopoli atta a contenerne in tanto numero, nè sottoporsi al governo di tutti. Da questi riflessi dell'amministratore suddetto, che io ho giudicato conveniente di ossequiosamente esporre all' E. V. vedremo quai temperamenti si prenderanno qui per dar luogo a questo novello stato di neofiti.

Varsavia, 7. Novembre 1759.

[6] Non ha ancora la Maestà del Re prefisso il giorno in cui dovranno supplirsi le sacre cerimonie omesse nel battesimo di Giuseppe Frenk capo degli Antitalmudisti, ed allora sarà certo, quando la M. S. destinerà chi debb' assistere in sua vece a tal' atto.

Intanto ha il suddetto Frenk supplicato il Re, com' ebbi l'onore di scriver a V. E. nell' ordinario passato, di assegnare a se ed ai suoi un luogo di stabile dimora, e gli ecclesiastici per loro direttori spirituali. Ha inoltre implorato il Real potere, perchè sieno restituite loro a seconda del decreto fattone in Caminick negli anni trascorsi le robbe tolte dagli avversarj Talmudisti. Rivolgendosi poi a questi principali signori ha pregati di sovvenire il commune de' neofiti colle limosine e colle lettere, per esser egualmente dai loro eguali soccorsi. Finalmente è venuto a richiedere ancor me di protezione e di lettere circolari, perchè dall' universale de' fedeli, e singolarmente da' magistrati sieno essi difesi contro le insidie degli avversarj, e trattati egualmente quei che si tengono tuttavia occulti per timore di esser afflitti altrettanto dagli avversarj Talmudisti. Quanto al primo oggetto sono questi signori affatto contrarj, e giustamente apprendono che formatisi di costoro una colonia particolare possa questa in progresso turbar la quiete del Regno, metter sossopra gli abitanti. Intorno al secondo, taluno si è espresso meco, che sovvenimenti di limosine non ne darà certamente, ben persuaso che questi servano a fomentar l'infingardagine, ed a coadjuvare una truppa di vagabondi. Non è però che lo stesso soggetto, pensando così, voglia sottrarsi dal soccorrerli in altra maniera, mentre volendo una parte de' neofiti introdursi nelle proprie terre, ei non mancherà di assisterli, affinchè possano coll' industria e colla fatica procacciarsi il sostentamento, senza essere altrui di molestia e di aggravio. Per quel che ho inteso, pare che tali proposizioni giuste per altro ragionevoli non piacciano gran cosa al Frenk ed a suoi aderenti, avendo, come ho scritto colle passate, ricusate altre somiglievoli ad esse, e finalmente in riguardo a ciò che hanno domandato anche a me, io non lascerò di assisterli con tutto il fervore nelle giuste loro richieste, ed ovunque bisogni, essendo egualmente conveniente che sieno risarciti nelle perdite fatte qualora sieno comprovate, e protetti quei che frattanto mostrano di esser anziosi del battesimo, e si tengono occulti per evitar le insidie degli avversarj.

Varsavia, 14. Novembre 1759.

[7] È così grave l'argomento concernente questi neofiti, che non mi è permesso di trasandar alcun ordinario senza far di essi benchè corta menzione. Riferii ossequiosamente a V. E. colla mia precedente, che l'universale di questi signori era giustamente determinato di non accordare ai medesimi un luogo da rimanervi stabilmente uniti, e tal sentimento vien da essi tuttavia mantenuto. I neofiti all' opposto, come si è saputo di poi, intanto si sono mostrati ritrosi di accettare le offerte di aver luogo ne' beni dei particolari, per il timore che hanno di esser presto o tardi ridotti alla dura servitù, in cui son tenuti i miseri abitatori della campagna; laonde il signor gran-cancelliere della corona ha pensato di distribuirli nei beni appartenenti alla Repubblica detti beni Reali, e i Vescovi si sono offerti di procurargli il ricetto nelle città della loro giurisdizione. Con un simile compenso si evita il pericolo della pubblica quiete, giustamente appreso, sul riflesso d'un' unione così vincolata per le circostanze altre volte riferite, e rimangono i neofiti come meno atti al lavoro della campagna, più a portata di procacciarsi coll' industria il vivere, e sciolti dal timore della servitù. Vero è che gli Ebrei di questo Regno son tutti applicati al piccolo mecimonio, e ve ne sono anche molti che non contenti assolutamente di questo si provano nelle arti più delicate, e migliorano alle spese dell' altrui bontà la propria condizione.

Varsavia, 28. Novembre 1759.

[8] Domenica scorsa furono supplite da Monsig. Vescovo di Kiovia in questa Real cappella le cerimonie omesse già nel battesimo del neofito Giuseppe Frenk, siccome vennero battezzati alcuni

altri venuti qui nella comitiva del suddetto capo de' neofiti. Ora mai nulla più manca per nostra parte al compimento dell'opera da questa gente intrapresa. Quanto il Frenk suddetto si fa conoscere irresoluto nel prendere stato per se, e nel fare che i suoi seguaci almeno lo procurino, altrettanto comparisce dubbiosa la condotta di questo e degli altri che son qui, e rimangono in Leopoli. Se ne aspetta con impazienza l'esito, che ben si desidera eguale alle prime idee che se ne concepirono sul principio.

Varsavia, 5. Decembre 1759.

[9] Potrà ormai dirsi che l'affare de' neofiti sia vicino ad aver il suo fino, rimanendo soltanto a vedere, se i Talmudisti, come mostrano di voler fare, insisteranno presso i ministri della Repubblica per giustificare se stessi della pratica, ed i proprj libri dell'empia dottrina concernente l'uso del sangue cristiano, che per mera calunnia, come pretendono, degli avversarj fu pubblicata contenersi in quelli, nell'ultima delle proposizioni annoverate nel manifesto impresso, o sia per intimazione per le dispute in Leopoli.

Intorno a questo capo io non saprei definire qual esito dovesse avere la questione, se le parti volessero di bel nuovo impegnarsi a promoverla, parendomi ben cosa difficile a potersi verificar l'esistenza d'una tal dottrina nei libri Talmudici, dopo che per la profonda oscurità dei testi allegati nell'ultima sessione tenutasi in Leopoli, nulla potè concludersi di positivo, mancando altresì chi abbia tal perizia d'una lingua morta, e soggetta non meno ad intelligenze talora poco uniformi tra se; nè dico altrimente intorno al convincerli sul punto principale objettato dai neofiti, che dalla suddetta dottrina sia derivata la prattica introdotta circa l'uso del sangue cristiano.

Quanto poi al luogo che occuperanno i neofiti in avvenire, si van prendendo qui le seguenti deliberazioni, facili talune e sicure, malagevoli poi e di poca speranza le altre. Per conto delle prime, essendo tutta questa gente un aggregato di persone native Polacche, di Vallacchi, Moldavi, Transilvani ed Ungari, i naturali del paese avran luogo nella città vescovili e regie, ove ciascheduno potrà procacciarsi il sostentamento secondo la maggiore o minor industria che adoprerà, e succedendo la cosa come si va regolando, i neofiti Polacchi non daran più soggetto di pensar ad essi e di provederli. La difficoltà maggiore consiste negli estranei, per i quali come ignari del linguaggio del paese il Frenk capo di tutti implora un luogo particolare, e promette che rimanendovi uniti, e soccorrendosi vicendevolmente coll'industria, verrà dai paesi indicati una quantità grande di famiglie ad abbracciar la Religione Cristiana. In ordine a ciò propongono questi signori alla corte di cedere ai suddetti neofiti estranei i beni di Lituania, assegnati alla medesima per di lei mantenimento, dai quali la stessa corte poco o nulla raccoglie, con questo però che i nuovi abitatori debbano contribuire alla suddetta corte quel che ora ne raccoglie, pensare al sostentamento dei parochi e coadjutori per le istruzioni e sacramenti, e finalmente alla sussistenza d'un governatore il quale amministri loro la giustizia sì civile che criminale.

Veramente io non rimiro un tal progetto come libero da molte difficoltà, ed è la prima che se tali persone venute da differenti paesi, soggetti per la maggior parte alla Porta, meritano di esser quanto al politico riguardate con qualche sorta di diffidenza, non so se possano esserlo diversamente dandosi loro ad abitare i beni di Lituania, che sono sì vicini alla Moscovia. È certo in secondo luogo che i signori Polacchi sono non men gelosi della potenza Ottomana, di quello li fa essere quella de' Moscoviti, laonde mi confermo nell'opinione che quest' ultimo partito è involto in grandi difficoltà, siccome ha bisogno di tempo per meglio ponderarlo, e pari attenzione per determinarlo.

Varsavia, 12. Decembre 1759.

[10] Una parte dei fogli che ho l'onore di rimettere oggi colla presente all' V. E. e che mi sono stati comunicati, contiene l'esposizione delle autorità, donde questi neofiti desunsero le prove allegate nell' ultime sessioni tenutesi in Leopoli per verificare, come dottrina del Talmud quella che riguarda l'uso del sangue cristiano. Meglio costì che altrove potranno valutarsi di qual peso elle sieno.

L'altro foglio che pur umilio qui annesso all' E. V. mi è giunto di fresco da Leopoli merita un maggior riflesso. Comprende questo una deposizione fatta in quelle città da alcuni neofiti interrogati espressamente dal P. Pikulski Minor Osservante loro catechista per iscoprire, se non interamente, in qualche parte almeno l'alto secreto della cieca dipendenza di questa gente del capo loro Giuseppe Frenk. Con premeditato consilio è riuscito di sapere dai mentovati neofiti quel che depongono nell' odierno scritto, trasportato qui dall' idioma polacco nel latino, ed in cui quanto a prima vista comparisce l'ingenuità degli espositori, altrettanto fina e maliziosa la condotta del Frenk nel saper imporre a gente idiota un complesso di verità e di stoltezze, non senza sospetto che sotto un tal velo si nasconda qualche cosa di più e tendente a favorire le occulte sue mire (Vide infra pag. 163).

Mi son riserbato a spiagar i miei sensi all' ammistratore dell' arcivescovado di Leopoli, dopochè dalla traduzione dello scritto ne avrei compreso il tenore, laonde scriverò domani allo stesso, commettendogli in primo luogo che procuri d'intercettar le lettere che il Frenk scrive alla moglie, ed agli altri più stretti suoi confidenti, così le risposte di quella e di questi a lui, affine di raccogliere da esse qualche cosa di più importante in riguardo alla Religione, ed ai fini suoi temporali. Gli suggerirò in secondo luogo che scriva a Monsig. Vescovo tenuto dalla sacra Congregazione di Propaganda Fide in Nicopoli, pregandolo d'informarsi dagli abitanti, in qual concetto sia il suddetto Frenk presso di loro, e qual professione vi abbia esercitata dopo che aveva presa per moglie una donna del paese, e se quivi abbia lungo tempo dimorato, implorando finalmente dal prelato la più minuta e la più sincera relazione sulle domande. Non diffido che dalle diligenze che fo premettere alle necessarie inquisizioni potrà aversi in mano tanto che basti da poter a suo tempo costituir quest' uomo, e convincerlo nella condotta straordinaria che tiene.

Varsavia, 26. Decembre 1759.

[11] Merita l'oggetto presente di questi neofiti, ch'io faccia conto di tutto quel che va succedendo, e ne renda consapevole l'E. V. Quel foglio che due ordinarj addietro ebbi l'onor di rimetterle, è stato da me partecipato a questo P. Rauch regio confessore, perchè non fosse ignaro di quel che deposero i neofiti di Leopoli aver

inteso dal Frenk, e se n'è altresì prevalso per far con buona maniera interrogar quest' uome intorno alla sua credenza. Richiesto
p. 157 in primo luogo sulla venuta del Divin Redentore, ha risposto non esser vero, ch' abbia sentito dire esser egli tuttavia vivente in terra. Quanto alla comparsa dell' Anticristo non ha negato che l'ha inteso dire da altri, e l'ha ancor esso raccontato, come una cosa divulgata in Antiochia ove si trovava per cagione di mercatura, anzi indicando la gente del paese ch' era un tal' uomo in particolare, spinto ancor esso dalla curiosità si fosse portato a vederlo. Ricercato finalmente s'ei credeva che la persona tenuta per l'Anticristo fosse il vero, oppur il supposto, ha replicato di nò, e detto che lo riputava per un insigne impostore. In tale apertura si è di bel nuovo espresso, che qualora la M. del Re voglia degnarsi di accordar un luogo di soggiorno, e la Real sua protezione a quei che desiderano di abbracciar la santa nostra Religione, ha egli riscontri da più parti che verrebbero almen dieci mila di essi a stabilirsi con un tal fine in Polonia.

In ordine allo stesso Frenk un altro Ebreo nativo Polacco e di lui seguace, battezzato in una sua mortale infermità ed indi ristabilitosi, mostra all' apparenza di esser perseverante nella Religione abbracciata, si duole del Frenk che l'ha escluso dal partecipare del sussidio caritativo raccolto in favore de' neofiti, e dice che godano di esso solo cinquanta persone conviventi con esso. Riferisce inoltre questo neofito che le suddette cinquanta persone hanno per costume in alcuni giorni della settimana di recitare come ei suppone salmi nel lor natio linguaggio in faccia del Frenk, dal quale ritto in piè ed in debita distanza vengono ascoltati, la qual cosa sembra all' apparenza che dimostri verso di lui un culto religioso ed esterno. Quantunque a mio credere somiglievoli racconti non meritino tutta la fede, nè di essere affatto non curati, avendo qualche sorta di coerenza colle deposizioni de' neofiti di Leopoli, obbligano però chi ha parte in questo affare, a vegliar attentamente sulle cose anche di leggier conto per penetrar le più nascose intenzioni di persone sospette di poca ingenuità.

Varsavia, 2. Gennaro 1760.

[12] Più innanzi si procede nell' affare dei novelli Ebrei convertiti, e qualche cosa di nuovo si va scoprendo intorno ai loro principj. Uno di questi è l'errore della poligamia, venuto di fresco a notizia in Leopoli, e di cui sono infetti quei medesimi che svelarono le altre cose al P. Pikulski Minore Osservante loro catechista. Se meritano per una parte qualche sorta di compatimento simili persone che han portato seco l'errore suddetto del paese Turco e dai confinanti con quello, non appaga gran cosa dall' altra in iscorgerlo così radicato in esse, che persuase come sono, a tenerlo per una verità importante, si mostrano altrettanto indocili agl' insegnamenti in contrario che loro inculca il summentovato Religioso. Tutto ciò ha posto in una giusta apprensione l'amministratore dell' arcivescovado, e l'ha costretto a procedere con maggior cautela nella collazione del battesimo ai catecumeni che lo domandano, fintanto che non si riconosca che rinunzino di cuore a questo, e detestino qualunque altro errore.

Continova il Frenk a far qui la sua dimora, e vive colla largizione de' più fedeli. Avvertito però da taluno che a lungo tratto possono queste restringersi, ond' è necessario che prenda qualche partito, ha fatto conoscere che l'oggetto suo nell' abbracciar la Religione Cristiana è stato quello di aver in questo Regno terre da abitare coi suoi seguaci, e mezzo di sussistervi. Se ei si è lusingato di ciò, non troverà chi ne l'abbia precedentemente assicurato, nè a parer mio manca altro per comprendere, che quest' uomo abbia avuta la sola mira al temporale, lascia in arbitrio altrui il credere o nò, se abbia cercata la verità.

Varsavia, 30. Gennaro 1760.

[13] Dopo esser trascorsi tre ordinarj senza aver fatta menzione di questi neofiti, ne ricade oggi opportunamente il discorso, avendo essi medesimi rotto il silenzio in cui da qualche tempo si mantenevano. Ho dunque l'onore di riferire all' E. V., che essendosi presentati in questi stessi giorni alcuni de' suddetti neofiti al Superiore della casa della Missione, gli confidarono varj errori, de' quali era infetto il Frenk loro capo, simili per

altro a quelli che deposero gli altri di Leopoli al proprio catechista, aggiungendo al racconto qualche cosa di più, singolarmente quello di varj pretesi miracoli operati dal Frenk, e di aver questi scelti fra i suoi seguaci dodici de' più confidenti, quasi altrettanti Apostoli, sei dei quali aveva condotti seco qui, ed altri sei lasciati in Leopoli. Denunziato il successo al foro dell'ordinario, l'uffiziale generale ha fatto arrestare il Frenk, ed intrapreso l'esame giuridico degli accusatori, tanto sopra ciò che questi avevano esposto al suddetto Superiore della Missione, quanto intorno al più che sanno ed ha loro suggerito il Frenk, per costituir di poi questo, e mettere in chiaro la di lui premeditata impostura.

Sono per altro assai ansioso dell' esito di quest' impresa, dubitando dall' un lato che il processo si sappia formar a dovere, e dall' altro che si possino indagare i veri motivi d'un uomo astuto e facile a deludere nel comporre un simile ragiro. Oltre questo dubbio v'è l'altro ancora, che sospettandosi d'aver i neofiti ricevuto il battesimo piuttosto ad insinuazione del Frenk, che per puro amore della verità, difficilmente si distaccheranno da lui, sebben dichiarato impostore, essendo gente idiota affatto, e per tal cagione credula non solo, ma persuasa ancora della verità de' pretesi predigj operati da lui, che tengono per il Messia, onde da questo precipiti in errori più massicci.

Varsavia, 13. Febbraro 1760.

[14] Tosto che mi si offerisce l'occasione di dar a V. S. qualche riscontro di ciò, che va risultando dalla confezione del processo intrapreso in questa curia vescovile contro il neofito Giuseppe Frenk, notato di errori, insieme coi suoi seguaci, non lascio di riverentemente esseguirlo. Mi vien pertanto riferito da chi assiste al proseguimento del suddetto processo, che in due punti convengono quei tutti che finora sono stati esaminati. L'uno di essi concerne la comune credenza della gente suddetta, che quest' uomo sia il novello Messia disceso in terra, e che perciò hanno verso di lui praticato qualche sorta di culto, abusando in forma di preghiera varj passi delle divine scritture, e prefissi dal suddetto loro preteso maestro. L'altro punto riguarda

la sola persona di lui, ed è, che avvedutasi della difficoltà incontrata qui di poter ottener beni Reali, come se n'era lusingato fin dal principio, si sia più volte dichiarato, che se avesse in proprio potere dugent' uomini atti al maneggio delle armi, avrebbe ben trovato per se, e per quei che lo secondano il solido stabilimento.

Non dubito che il processo avrà fra poco il suo fine, e potrebbe tosto costituirsi il reo principale, qualora fosse pronto l'interprete perito della lingua Turca. Il solo che vi è, è quel desso che finora ha assistito il Frenk; ma essendo costui un uomo di assai poca buona fama, che secondo l'opportunità, e per servire al proprio interesse ha saputo far un mercato di tante sette che ha abbracciate, non può esser degno di tale confidenza.

Varsavia, 20. Febbraro 1760.

[15] Si è dato fino al processo istituito da questa curia ecclesiastica contro il neofito Giuseppe Frenk, accusato alla medesima da suoi stessi seguaci, come hebbi l'onore di ragguagliare V. E. nelle mie ossequiosissime precedenti. Il reo è stato non solamente convinto colle deposizioni degli accusatori di quanto veniva notato, ma ha eziandio confessato ciò, e detto di più, che nato di stirpe Ebrea passò alcuni anni sono alla religione Maomettana, in ricompensa di che avendo ottenuto dalla Porta il privilegio di possedere, deluso alla fine per non vederne l'effetto, stimò il miglior suo partito l'andar a Kaminiek, e farvi l'antesignano degli Antitalmudisti. Affettando di poi il Cristianesimo ha cercato di fare lo stesso giuoco in Polonia col riceverle s. battesimo; ma svelato l'altro segreto per mezzo delle accuse indicate, e stato pubblicato per un solenne impostore, e come tale sarà racchiuso in luogo fortificato, donde non possa sottrarsi facilmente, ed abbia modo di essere istruito e disingannato.

II.

[1] Traduction de la Requête des Juifs Antitalmudistes au Roi signée par Jehuda Ben Naison Krisa de Nowidwor, et par Salomon Ben Elie de Rohatyn au nom de tous en 1759 le 16. de May à Léopol.

Au très Serenissime, très Puissant et Invincible Auguste III. par la grâce de Dieu Roi de Pologne, Grand Duc de Lithuanie

Electeur de Saxe, Vainqueur heureux, pieux et glorieux, et notre très clément Seigneur.

Le peuple d'Israel retournant par la grâce de Dieu à son Roi Messie, qui par un amour infini a souffert pour tout le monde envoye cette requête.

C'est l'effet du règne plein de douceur, et le fruit de la sagesse du gouvernement de Votre Majesté dans ce Royaume Orthodoxe, que le désir qui nous anime nous autres Juifs infidèles et aveugles, qui avons reconu la vérité cachée dans le Testament des Moyse et des Prophètes, à courrir comme un cerf blessé à la source de la doctrine, qui jaillit des plages du Messie étendu sur la Croix. Nous admirons la puissance de Dieu dans cette oeuvre de sa miséricorde, qui, lorsque nous étions entêtés de nos erreurs, nous abandonnoit, et renversoit nos desseins comme un vent impetueux qui brise les rochers.

Mais le Saint-Esprit, qui soufflant comme un doux zéphir nous a enlevé ce coeur endurci, et nous en a donné un autre plus sensible.

Notre Seigneur miséricordieux Jehova, dont la main a pesé vos grands mérites, les a trouvés agréables, et vous a augmenté comme à un Père des enfans de la grâce, le nombre de vos sujets, qui tous d'une voix unanime invoquent nuit et jour le Dieu Sabaoth pour la conservation des jours précieux à V. M. et de son règne heureux, pacifique et invincible.

V. M. est déjà informée comment la main de Dieu nous a conduit à sa grâce par un chemin long, difficile et plein d'adversité. Feu l'Evêque de Kaminiek Dembowski, dont la mémoire soit bénite, notre bon Père et notre conducteur, que nous ne saurions assez regretter, s'est donné bien de la peine et des travaux pour nous. Après sa mort, nous avons été obligés pour nous garantir de nos ennemis d'avoir recours à la clémence de V. Majesté, et Dieu qui a prevû notre conversion dans ces tems-ci, a touché votre coeur si bien, que V. M. nous a accordé le 11. de Juin 1758 la confirmation du Décret de feu l'Evêque, et sa protection Royale; mais ce privilége n'a pas été respecté par nos confrères ennemis, qui sont désobéissans à Dieu même, qui les en punira, mais nous prierons notre Sauveur, qui sait tout diriger à une bonne fin qu'il leur fasse connoître leur aveuglement, et qu'il les reçoive dans sa sainte grâce.

Présentement, que ce tems est arrivé, où nous devons être éclairés, ce tems à notre sortie de l'Egypte, où notre coeur se rejouit de l'odeur de la conversion, comme des fleurs qui embaument l'air qu'on respire, nous nous refugions sous l'autorité de l'Eglise du Messie, qui doit avoir soin du salut de nos âmes, tout comme une mère de ses enfans, ensuite nous nous mettons sous la protection et la clémence de V. M. que nous supplions les larmes aux yeux pour l'amour de notre salut.

1. Qu'il plaise a V. M. de faire expédier un Rescript signé de sa main et publié dans toute la Pologne et le Grand Duché de Lithuanie, pour que ceux de notre croyance, qui pour se garantir de la persécution de nos adversaires se tiennent secrètement cachés dans différentes provinces, puissent manifester sans crainte.

2. Que tous ceux qui se manifesteront soient secourus et defendus des tout l'état ecclesiastique et séculier.

3. Que dans les endroites où l'on nous a enlevé nos femmes et nos enfans ils nous soient rendus.

4. Qu'ils puissent librement approcher, et écouter jusqu'à la fin la parole de la justice.

5. Qu'il nous soit permis de nous établir dans le biens Royaux, où il nous sera plus aisé de gagner notre vie par quelque trafic honnête et licite; car il est écrit: „Les enfans de Juda et les „enfans d'Israel s'assembleront, et s'éliront un chef, et sortiront „de la terre, car c'est le grand jour d'Israel." Nous entendons par-là le Chef de l'Eglise visible sur terre notre très Saint Père le Pape.

Sur tous ces points, ainsi que sur d'autres très humbles demandes nous avons envoyé une requête à Son Altesse le Primat comme à un conseiller fidèle de V. M., et au premier pasteur vigilant du tropeau des fidèles. Dieu qui accomplit ses promesses a dit à Salomon, qu'il resusciteroit son thrône, et a promis à David, qu'il n'enleveroit pas de sa race celui qui seroit Roi d'Israel. Que ce Dieu bénisse la famille Auguste de V. M. pour qui il en sorte, tant que le monde durera, des Monarques justes, bons, pieux et invincibles, et qui à l'imitation de V. M. soient remplis de la même sagesse, que Dieu avoit accordé à Salomon.

Que V. M. comme un autre Ezechie et Josias, qui étoient zelés pour l'accroissement de Dieu, exauce nos très humbles prières, et nous la supplions de faire de nous au plutôt tout ce que Dieu inspirera à votre coeur reuni avec lui.

Nous et nos femmes, nos pères, nos mères, nos enfans, nos vieillards ne cesseront de lever les mains au Ciel pour que nous puissons chanter avec tous ses fidèles serviteurs le XVII. Psaume.

[2] Traduction de la Requête des Juifs Antitalmudistes à Son Altesse le Primat, signée par Ben Nosen Krisa de Nadworne et Salomon Ben Elie de Rohatyn au nom des tous du 16. de May 1759 à Léopol.

Nous sousignés, deux de tous ceux qui désirent ouvertement et intimement la doctrine et la vérité du vrai Messie, avons eu l'honneur de remettre à V. A. notre requête à Léopol du 20. Février 1759.

Cette requête a été de tous nos autres, qui éclairés de la grâce du St. Esprit avons une même volonté et désir provenant d'un coeur contrit, de nous qui sommes les restes du peuple d'Israel, du sein duquel le Dieu inconcevable est venu incomprehensiblement prendre le corps humain, avec lequel il s'est manifesté dans les siècles passés pour effacer le péché originel, et se rendre la victime sur la Croix envers Dieu le Père son égal.

p. 160　V. A. a rendu notre requête notoire à tout le monde chrétien, mais les arrêtes impénétrables de la Providence ne nous ont pas permis de lui reveler pour lors ce dont nos confrères nous avoient chargés de bouche, et nous sommes retournés chez eux avec la parole dans nos coeurs.

Aussitôt que nous eûmes rendu notre requête, Dieu, qui nous adorons, éleva V. A. comme un autre Elie au Ciel, à la suprême dignité Primatiale. Nous nous rejuissons, que V. A. étant devenue le Chef du Clergé et le premier Prince du Royaume, pourra avoir le même soin de nos âmes, que Dieu le Créateur a pour tout ce qu'il a créé, selon qu'il a dit par son Prophète: „Se peut-il qu'une „mère oublie son enfant, et qu'elle n'ait point de pitié pour le fils „de son sein? mais quoiqu'elle l'oublieroit, je ne vous oublierai pas,

„car je vous ai écrit sur ma main." Nous sommes ravis que V. A. à l'exemple du berger des bergers, qui est le Père de la miséricorde, en se rejouissant et en remerciant la Providence de notre conversion à la communeauté des fidèles, nous accordera sa protection, son conseil et notre salut; car Dieu a élevé votre famille, et oint votre personne élue pour que vous consoliez tous ceux qui pleurent. Or, comme nous avons pas pû exposer à V. A. à Léopol ce dont nous étions chargés de bouches par nos confrères, et le grand éloignement de votre personne nous empêche de vous aller trouver, nous nous sommes rendus ici à Léopol pour vous communiquer en écrit par la présente nos désirs.

1. Dans notre première requête nous avons supplié V. A. qu'il nous soit permis d'avoir une controverse publique avec nos adversaires. Les motifs qui nous y engagent sont tels: que nos adversaires n'ayent pas lieu de dire, que c'est la dernière misère, dans laquelle se trouvent plusieurs des nôtres, qui nous oblige à demander le St. Baptême; que c'est par convoitise, quoique raison suspecte, ou fourberie commune à notre nation.

Il y en a un très grand nombre qui sont de notre sentiment, mais qui par crainte se tiennent cachés dans différens pays. Quand ceux-là auront appris que la vérité que nous professons aura été reconnue de la Jurisdiction suprême pour Orthodoxe, ils se decouvriront et gagneront leur salut. Nous ne voudrions pas que nos confréres nous reprochassent quelque précipitation, et que nous leurs donnions quelque scandale qui put rebuter de leur zèle.

Enfin par cette controverse nous descellerions les yeux à nos adversaires endurcis et blasphémateurs, pour qu'ils puissent jouir de la clarté de la doctrine de Dieu dans l'Ecriture; car comme à nos prochains, nous leurs souhaitons la même lumière et leur salut.

2. Que comme au commencement de notre procès dans le diocèse de Kaminieck, nous avons eû une furieuse tempête à essuyer de la part de nos adversaires, qui nous avoient dénigrés chez les seigneurs, qui étoient nos supérieurs, ce qui a été cause que nous avons perdu nos habitations et nos biens, et nous avons été reduits à une telle misère que plusieurs centaines de nos confrères s'étant refugiés dans les biens de l'Evêque, n'y ont aucun autre moyen de vivre que les seuls

aumônes que leurs envoyent ceux de la Hongrie et de la Valachie, et de quelques autres villes. Or ces pauvres misérables ne voulant pas s'établir sur les frontières de la Turquie, où il y a tout plein de nos adversaires, qui les persécuteroient, nous supplions V. A. d'interposer son autorité auprés des seigneurs Polonois, pour ce qui nous soit permi de nous établir dans le biens Royaux, car notre conversion exigeant un changement de vie et de moeurs, il nous faut préablement une demeure fixe pour nos femmes, nos enfans, nos parens et nos vieillards, et montrer à nos ennemis, qui en embrassant les dogmes de la vérité nous nous assujettissons sous l'autorité du Messie et écoutons sa voix, car il est écrit: „Convertissez-vous me fils en vous convertissant, car „je suis votre défenseur, et j'en prendrai un de vous de la ville et „deux de la tribu, et je vous menerai dans Syon, où je vous „donnerai un Pasteur selon mon coeur, qui vous repaitra de sa„gesse et de doctrine."

Nous souhaitons donc de pouvoir nous établir à Busk et à Gliniany, comme étant au milieu des habitans chrétiens. Nous y voulons gagner notre vie, soit par un trafic licite et honnête, soit par le travail des nos mains, afin qu'aucun n'entreprenne dorénavant de faire le cabarettier en faisant le ministre de l'ivrognerie, et en suçant le sang du pauvre chrétien marqué à double craye selon l'usage des Talmudistes, qui se font un mérite de la tromperie, mais nous tremblons devant le Seigneur, qui examine le moindre de nos actions.

Nous supplions donc V. A. d'écrire en conséquence au staroste de Gliniany, et au prince staroste de Busk Jablonowski, dans les terres duquel il y a déjà beaucoup des nôtres.

3. Lorsque nous étions à Léopol, nous avions la requête ci-jointe pour le Roi tout prête, mais nous voulions auparavant savoir l'avis de V. A., si elle trouveroit bon que nous la fissions partir.

Nous assurons V. A. que notre désir pour la participation du St. Baptême est toujours également ardent et constant, nous la supplions seulement d'avoir une pitié efficace de nos âmes, et comme nous savons combien les prières de notre legislateur Moyse, et de nos Prophètes étoient efficaces auprès de Dieu, de prier aussi pour nous, pour qu'il plaise au Seigneur par sa grand miséricorde d'oublier notre aveuglement passé, et de nous accorder sa grâce jusqu'à la fin de notre conversion. Nous prions la Ste. Trinité qu'elle vous ait en sa garde, et que vous puissiez conjointement avec les Anges et la St. Eglise vous rejouir de notre salut.

III.

Manifestatio Judaeorum catechumenorum ex actis consistorii Leopoliensis extracta Anno Domini 1759 die Veneris 25. mensis Maji.

Coram officio actisque praesentibus administratoribus, sede vacante Archiepiscopatus Leopoliensis, comparentes personaliter Jechuda Ben Nosen Krysa de Nadworna, Salomon Ben Elias de Rochatyn, nati ex electa olim Israel progenie, quae propter rebellem promissionibus tenacis sermonis sui Jehovae incredulitatem, hucusque per totum terrarum orbem ceu levis palea vento acta, ubique et conculcatur et despicitur, nunc miseratione Omnipotentis reducentis eos e tenebris in lucem, in vias planas, in campum spaciosum agnitionis veri Messiae, regis caeli et terrae, obedientes et subditae ei creaturae gratia ejus vocatae, illuminatae, redemptae et in funiculis dilectionis perpetuae attractae idem secum sententium, ore et corde profitentium et desiderantium, ubique in valle hac peregrinantium, ob metum vel imbecillitatem occultorum ad invicem cognitorum nomine, mente et spiritu, uti plenipotentiarii ad quaerendum adjutorium et coetus sui sensum depromendum electi, missi et ad consequendum finem unicum salutis suae et suorum specialiter delegati: Coram Jehova, qui novit omnia quae erant, sunt et erunt occultissima, trino in personis et uno in Deitate, et Messia ejus, generis humani redemptore clementissimo, cunctisque, quas idem supremus conditor ad imperandum, gubernandum, judicandum genus humanum unxit et praetulit, potestatibus contra infideles pseudolegis latores, seniores, Rabinos universumque coetum Judaicum, in potentissimo Poloniarum Regno et Magno Ducatu Lithuaniae exules et vagos, uti blasphemum in pientissimum universi dominatorem Thalmud mordicitus, caece et obstinate retinentes et huic diditante magistro angelo tenebrarum, et dilatante in dies plusquam Excelsi digito sculpto in lapideis tabulis quondam decalogo credentes et confidentes solemnissime manifestantur, in et pro eo: Notum est

Sermae huic Reipublicae ejusque Celsissimis, Rmis, Illmis, Illustribus, ceterisque inclitis civibus, Dominis nostris clementissimis, et de diversis finibus terrae, quomodo ante aliquot annos Virtus providentissima ducens, quos cognoscit, non juxta vias hominum, memor juratae patribus nostris promissionis suae, nos de Gomorrcha ex vindicta justitiae suae terra, segregare decernens, oculos animi nostri insensibiliter tetigerit, ac ubi ex iis albugo ceu membrana primum egredi caeperit, insurgere in nos de gente nostra his, qui Thalmum sacrificant, permiserit non alios ob fines, nisi ut in fornace adversitatum depurati compareremus, gens Messiam suum quaerens et probatissima, et sine macula, mitiori tempore, ac ubi Divinitas perfectura quae sunt, decretorum ejus de nobis haec exprimenda: Loquuntur enim acta consistorii Camenecensis Podoliae, quo calumniarum genere accusati, coram divae recordationis Illmo Excellmo Rmo Dno, Dno Nicolao a Dembowa Gora Dembowski pro tunc Episcopo Camenecensi Podoliae, in post nominato Archiepiscopo Metropolitano Leopoliensi, cum ingenti omnium bonorum vel maxime nostrum dolore juxta absconditam Dei voluntatem in Coelos translato, comparuimus, quibus non foedis criminationibus denigrati, cujus sceleris non patratores, divinarum et humanarum legum violatores et impientissimimet ipsi, a quibus subtrahunt manus, horum vel studiosos vel propagatores; inque tantis persecutionum angustiis conclusis nobis, fuerat difficile, an evitare eas, quae gravescebant in dies, an innocentiam nostram defendere, quae sine omni respectu vexabatur, an veritatem dogmatum nostrorum ex fontibus infallibilis verbi Dei emanantium demonstrare, sed et haec diversimode et ventilabatur, et ceu non e candido procedens animo a multis pro voluntate interpretabatur, difficile fuerat, pulsis e habitaculis nostris, diruptis, caesis, afflictis, ac ad ossa usque corrosis, tumultuanti acervatim multitudine adversariorum nostrorum resistere, et viam justae defensionis adinvenire; nihilominus qui olim protexerat ad orationes contriti Mardochei neci sacratum captivum populum suum, Pater excelsus, idem cum in tribulatione nostra invocaverimus eum, exaudivit nos de templo sancto suo, misit de summo et accepit nos, assumpsit nos, de aquis multis eripuit nos, de inimicis nostris fortissimis: Puncta enim doctrinae nostrae cum lucidissimis Sacrae

Scripturae veteris Testamenti demonstrationibus, antiquorum librorum nostrorum explicatione Thalmudum dementia, aequissimo judicio divae recordationis alte memorati Illmi nominati Archiepiscopi prima laudata et confirmata, postremum igni addictum, criminationes, fraudes, doli, calumniae, mendacia adversariorum nostrorum detecta et condemnata, innocentia nostra examinata, comperta et confirmata, sperabamus jam diuturno malo nostro misericordem Providentiam finem imposituram, et nos viventes in tranquillitate profecturos in gratia ejus, mentem nostram ultra illuminante, sed eadem reliquum imperfectionis nostrae evellere ex animabus nostris adhuc constituit, rursusque via tribulationis ad perfectiorem voluntatis suae agnitionem ingredi decrevit: Transtulit enim ad sinum Abraham patris nostri, brevi post prolatam sententiam, optimum gregis sui pastorem, Illmum Archiepiscopum, quo e vivis elevato, adversarii nostri iterum tota mole perfidiae suae ultum adversus nos egressi sunt, imo in occasione hac, typho tumentes, totum malitiae suae virus in nos effuderunt, ac ubique persequebantur, pellebant, caedebant, diripiebant. Sacra Regia Majestas verus patriae pater, Dominus noster clementissimus, Rex in orbe subdito Regi Messiae Orthodoxus et Potentissimus, his malis nostris permotus, ubi totum processum operis nostri clementer exaudiverit, Regia sua manu instrumentum die undecima mensis Junii Anno 1758. subscriptum promulgare mandavit, non solum alte memorati divae recordationis Illmi nominati Archiepiscopi decretum, ut instantanee exequatur, decernens, verum paterna clementia sua nobis ac rebus nostris confidere in validam serenissimam suam protectionem demandans. Nec huic tamen, qui nec Deo nec legi ejus, nec promissionibus, nec Prophetis sanctis sunt, adversarii nostri fuere obedientes, sperando enim in multitudine sua, in equis et curribus suis, arridebant sibi, jam maturam perniciem manipuli nostri antevenisse, et nos brevi eradicandos de terra hac, utpote remotos ab auxilio humano, imbelles et semivivos: Deus tamen ex alto respiciens, in calamitatibus nostris dedit nobis aeneam faciem, qui ubi magis persequebamur, ardentius ejus interpellabamus auxilium, nec defuit accelerans tempore opportuno: nam ante aliquod tempus nonnulli ex coetu nostro, quorum Deus apperuit auri-

culam, pari prosequutionum genere extincti, de longinquo pervenere ad nos, cum quibus sedentes, flentes, ore et corde psallentes et laudantes inennarabilem bonitatem, ejus ductu suavi et gratia singulari salutem generis humani, Messiam Regem Deum, comparuisse in terris, ex scripturis sacris devenimus, ac de hoc negotio magno, ex quo promissa salus populo nostro pendet, maturo, diuturno ex diligenti habito colloquio et consilio, quod in nomine ejus et in lege ejus redemptio et salus sit universi, credidimus, gaudioque spirituali repleti cum supplici libello ad Celsissimum Archiepiscopum Gnesnensem, Regni Poloniae et Magni Ducatus Lithuaniae Primum Principem et Primatem, pro tunc Archiepiscopum Leopoliensem declinavimus, qui laetatus in conversione nostra, nunc typis edere demandavit, nosque adjuvare in hoc principio salutari tamquam verus et exemplaris pastor acceleravit: hi enim sunt fructus vocationis spiritus mitissimi, cui cum non resistitur, quamvis flendo itur, cum exultatione tamen revertitur, hi fructus sudoris et ingentis laboris divae recordationis olim Illmi nominati Archiepiscopi Nicolai Dembowski, qui nobis caecis in itineribus Domini paterne opitulabatur, et quemadmodum invenimus in scripturis Samuelem, Oniam et alios viros Dei et post resolutionem, cum carne hac per orationes suas non destituisse placare Jehovam, pro populo Dei et hunc Dei throno assistentem, quod multum interpellet pro nobis confidimus. Qua autem methodo praedictum hoc a tot saeculis opus expleturum in nobis, ne inutili cunctatione infinitum hunc thesaurum admittamus, verentes, iterum nunc, veniendo Leopolim adaperimus, quod reperiantur multi intra nos occulti juste formidantes, ne similem cladem, qua nos in praesentia agitamur, si se revelaverint, experiantur, qui quamvis verbo spiritus Dei praedicanti in scripturis obediant, nihilominus, quomodo illud seniores Rabini interpraetentur cupidi audire, ut veritas ex omni parte examinata ad finem illos illuminet et confirmet, nos compellunt: Quare puncta sequentia, a nobis per gratiam summam in Sacra Scriptura et libris nostris reperta ad acta praesentia porrigimus.
1. Omnium Prophetarum prophetiae de adventu Messiae jam sunt completae. 2. Messias fuit Deus verus, cui nomen Adonai, hic assumpsit carnem nostram, et passus est secundum eam propter redemptionem et salutem

nostram. 3. Ab adventu Messiae veri oblationes et caeremoniae cesserunt. 4. Quilibet homo tenetur Messiae legi obedire, quia in illa salus. 5. Crux sancta est expressio Sanctissimae Trinitatis et sigillum Messiae. 6. Ad finem in Messiam Regem nemo pervenire potest, nisi per Baptismum. 7. Thalmudus docet sanguine Christianorum egere, et qui credit in Thalmudum, tenetur eo indigere. De quibus ut colloquantur nobiscum seniores Rabini, in praesentia ad quos spectat, hos quos spectat, in nomine Smae Trinitatis, et per amorem salutis animarum nostrarum humiles et obstringimus et exposcimus, uti ex hoc colloquium cum infallibili ope Jehovae magnum Ecclesiae Messiae augmentum illaturi, et fratres nostros hoc unicum animatus rogantes confirmaturi, conversuri et gregi fidelium Messiae Regis servorum adnumeraturi. Quo finito omnes cum singulis animabus nostris sanctae Ecclesiae credenti in Messiam Regem, et ejus visibili in terris capiti Summo Pontifici, vicario Messiae, ut nos doceat, et volentes baptizet, et ex filiis irae perficiat filios gratiae, obedientes fidelissime recommendamus. Quam unicam ob rationem hanc manifestationem ex ore nostro conscriptam, coram nobis lectam, explicatam et mature perpensam, salva ejusdem melioratione vel ampliatione, ubi opus vel tempus exigerint, per instinctum Spiritus Sancti cum licentia S. Matris Ecclesiae, sub cujus alas, sinum et praesidium confugimus, manu nostra supra expressi Plenipotentiarii subscribimus Hebraico idiomate. p. 163

JEHUDA BEN NOSEN KRYSA DE NADWORNA.
SALOMON BEN ELIAS DE ROHATYN.

Ex actis consistorii generalis Leopoliensis extractum et sigillo Perillustris Rmi Stephani de Mikulicze Mikulski, Canoninici Cathedralis et sede vacante Archiepiscopatus Leopoliensis administratoris generalis, Custodis Stanislaopoliensis communitum.

(L. S.) ADALBERTUS MIRKIEWICZ,
Canonicus, Poenitentiarius Apostolicus et officii administratorialis
generalis Leopoliensis notarius mpp.

IV.

Ex idiomate Polonico.

Nos omnium infimi atque minimi, quorum nomina infra apposita sunt, abjicimus nos ante Deum in Trinitate Sancta unum et Jesum Messyam verum, quem credimus firmiter secundam esse personam Sm̄ae Trinitatis, eumque humana carne circumdatum in has luminis auras prodiisse, salutis humanae causa ante annos 1759: quapropter confitemur eum esse Servatorem et Redemptorem nostrum, desiderantes eum amare ex animo, dum spiritum duxerimus. Prosternimus nos passis manibus ante ipsius Majestatem, gratiam illi referentes tempore omni, quod animis nostris verae fidei lumen accendere dignatus sit, ipsi corpus animamque consecramus, ipsi soli servire votum est, ipsius opem imploramus et gratiam, ut ipsum amare a generatione in generationem, et cum ipso regnare aeternitate possimus tota. Amen.

Magno amore verum Messyam Jesum invocantium, crebrisque colloquiis sacris contracta familiaritate cum Gaudentio Pikulski, sacerdote ac Theologo conventus Leopoliensis PP. Bernardinorum, arcana nostra eidem patefecimus, quo pacto scilicet lumen verae fidei nobis accensum sit, quod lacrymis precibusque diu quaerebamus, occultantes animi sensus parentibus, uxoribus liberisque nostris, evolvimus per scientiam Cabalis haebraica nostra volumina mysteriis referta, ex quibus divina adjuvante gratia praeclare intelleximus, Thalmud completum esse erroribus fabulisque, ac eidem credentium salutem haud esse certam.

Et quamvis ex doctrina Zoari aliquam notitiam de Mysterio Sm̄ae Trinitatis habuimus, tamen diu implicati tenebamur, revelantes minime dubiam hanc veritatis agnitionem Thalmudistis, imo nec inter nos ipsos communicare haec arcana audebamus, per causam vexationis perferendae odiumque susceptum a Talmudistis in eos, qui confitentur ac credunt S. Trinitatem. Cum vero anno 1755. mense Novembri in Podoliam venit ex Turcia Frank Lebowicz, sane peritus doctrinae Cabalisticae, misimus ad illum secrete quosdam, ut de ipsius doctrina, et qui de rebus fidei illi sensus sit, certiores fieremus. Hic, roboratis nunciorum animis in Trinitatis Sanctae mysterio, obire caepit urbes et oppida, propagando ubique hanc Cabalisticam doctrinam, Deum scilicet esse unum in Trinitate, facta mentione nulla de sacro Baptismate ac Catholica Religione, idoneis tantum nonnullis ad fidem arcanorum servandam innuit doctrinam de Trinitate Sancta esse Religionis Christianae, asserens post secundum in Poloniam reditum, ad Christi castra transeundum esse, hoc tamen fideli silentio premi voluit.

Ita vero verba doctrinae illius fuerunt grata, salutaria, animumque effodientia nostrum, ut obortis lacrymis audiremus praedicentem, si credere corde toto in Deum in Trinitate unum collibitum vobis est, molestiae plurimae devorandae erunt; sed macte virtute estote reducentes in memoriam Abrahamum, Davidem et reliquos Patres, qui virtutis suae periculum facere coacti sunt pariter. Animadvertimus praeterea, quod quae praediceret futura, ea semper consequerentur. Ante annos quatuor Leopoli Rachatinum iter faciens, cum pernoctaret in villa Dawidow, hic Frank Lebowicz vidit noctu supra eumdem lumen, olim Szloma Rochatinski, (modo fonte sacro ablutus Lucas Franciscus e Rochatin appellatus NB.). Hoc lumen primum speciem referebat stellae micantis et perlucidae, dein diffundebatur tam late quanta est ulnae pars media. Posthac, cum idem Frank Lebowicz iter dirigeret Lanckoron, praedixit Brestae facturos nos periculum innocentiae nostrae Lanckoron, habentem in caput nostrum questionem, haecque calamitas nobis accidit. Contrusus vero in carcerem, diem, quo e vinculis erant emittendi, et multa praeterea Kopyczin praedixit, quae consecuta sunt omnia. Imo modo anno 1759. simul ut Podoliam attigit, quorumdam fratrum, serendo sermonem cum aliis, tacitis cogitationibus respondit. Cumque illius virtutem extollebamus in majus, asserentes, eam non humanam, ipse modeste de se existimans: Sum omnium vestrum, referebat, minimus etc.

Idem Frank Lebowicz cum ultimo nos convenit, palamque edixit, non esse religionem Catholica meliorem, atque ad illam salutis causa transeundum habentibus certissima scripturae nostrae argumenta, quae nobis interpretabatur ipse, et nos in concertationibus publicis adduximus Leopoli, etsi non omnia. Praedixit, quoque nonnullis haec secreto mysteria.

1°. Non longius adesse finem mundi, venisseque tempus, quo unum erit ovile et unus pastor.

2°. Antichristam jam in vitam venisse iu Turcia quem convenit ipse Frank in civitate Solonyki, intuitusque est eum oculis, liquido confirmans Jacobo e Tysmien hunc esse Antichristum, quem visu percepit Solonyki. Praedixit insuper brevi supra vim ordinemque naturae patraturum eum opera, ot Religionem sanam oppugnaturum. Hic est quem suis coloribus descripsit Scriptura: Macte estote virtute, hac persistentes in fide etc.

3°. Dixit haec quoque existimatis Christum Dominum puncto temporis e coelo ad judicium exercendum descensurum? Verissima haec sunt, sed horum Evangelii verborum animo non comprehenditis interpretationem, quis scit, forte humanis et modo coopertus membris latet: ast veniet tempus, cum e vestigio palam se offeret, peractis Antichristi vexationibus.

Nos omnia haec verba, facta rerumque circumstantias cogitatione pertractantes, in eam opinionem sumus adducti, Christum in quem credimus, absconditum sub persona Frank latere ducis nostri. Quippe oculis deprehendimus vulnerum Christi cicatrices in capite illius et corde, etsi occulta haec esse voluit, infimum se omnium asseverans.

Rem hanc totam tacitarum cogitationum nostrarum ad arbitrium Matris nostrae Ecclesiae Sanctae conferimus, ut illa divino spiritu afflata veritatem exquirat, nosque indignissimos illuminet, ac sana in Religione confirmet, cujus rei gratia Haebraico charactere nomina nostra apponimus.

V.

Illmo et Excellmo Dno, Dno Adamo Ignatio Archiepo Gnesnensi, Primati etc.

Illme et Excellme Dne, Dne Protector singularissime.

Steti verbo, dum immediata hac cursoria ad singula quaesita et puncta Illmae et Rmae Excellentiae Vestrae, adjecta profundissima adoratione et homagio debito, respondeo. Et quidem ad primum: Caraitarum nomine quid Illma et Rma E. V. intendat exprimere, non aliter interpretor, nisi Contratalmudistas profitentes Trinitatem, Incarnationem et alia dogmata fidei, contendentesque remonstrare ex suis libris Hebraicis iisque antiquissimis, ac convincere Talmudistas. In quem finem disputationi eorum assignata est dies 16. Julii Leopoli. Conventique sunt tam literis edictalibus seu processu via cursoria ordinato, quam particularibus missivis proceres hujus provinciae Russiae, quatenus in ditionibus Rabbinos et Seniores Judaeos vellent cogere ad comparendum Leopoli pro tali disputatione. Ad secundum: An isti Contratalmudistae aliquo studio partium ferantur adversus obtrectatores Talmudistas? certum est reciprocam inter eos esse semper contrarietatem. Praelibati enim Contratalmudistae gloriantur, adhuc ante adventum Messiae se oppositos fuisse Talmudistis, ac in celebri quodam conventu Rabbinorum celebrato in Asia dictos Talmudistas contempsisse, et a doctrina eorum recessisse praecipue in stricta nimis observatione caeremoniarum legalium ac Sabbati, seque collaudant, quod sicut eorum antesignani fuerunt Rabbini Simeon Johai et alter Jonathas Urielis*) filius auctores libri, qui vocatur Zohar, idest lumen, adhuc ante adventum Messiae devenientes in mysterii Trinitatis Smae cognitionem, ita eosdem secuti praesentes Contratalmudistae idem mysterium Trinitatis fatentur, ex eodemque libro Zohar intendunt probare Talmudistis in sua disputatione (quam debui omnino concedere) ac persuadere, quod sint clari textus Sacrae Scripturae hac in re ex laudato libro Zohar relicto a doctissimis Rabbinis Simeone et Jonatha. Quos textus Talmudistae in recentioribus editionibus libri Zohar eliminarunt, suisque pravis ac temerariis adinventionibus et dogmatibus transmutarunt. Haec ideo adnotanda esse censui, ut satisfacerem mandatis Illmae et Rmae Excellentiae V. in informando, quod sint sibi contrariae hae gentes Judaicae. Ad tertium: An sub praetextu amplectendae Religionis aliquod lucrum sit ab ipsis praecogitatum? formare non possum judicium. Declarabit dies assignatae disputationis, quo eorum mens tendat, et an assoluta tali disputatione affectabunt se instrui in fide atque baptismum

p. 165

---
*) Legendum Uzielis. G.

suscipere. Ad quartum: An ipsorum interpres impositi sibi muneris rationem reddiderit? interpretem hunc assistere ipsis (ut idem allegat) gratis et pro Deo, nec habere ab iis aliquod mandatum (procura), per quod in casu eorum fallaciae posset trahi ad respondendum pro iisdem. Ad quintum: An sit vir notus et alicujus meriti? in candore do ipsi testimonium, quod sit vir scientificus, sobrius, linguista, callens etiam lingam Hebraicam, natione Moschovita. Hoc ipsi unicum imponit maculam, quod in Schismate adhuc existens immiscuerat se sectae cuidam peasimae Ruthenicae hic in Podolia, et pejori adhuc quam Schismatiae, qua secta vocitatur Philipowcy apud Polonos, egitque ipsorum Archimandritam. Sed resipuit et factus est Orthodoxus, recepitque se ad piae memoriae Illmum Dembowski Episcopum Camenicensem Podoliae, cujus Ephebum egit ad ipsa facta ejusdem laudatissimi Antistitis. Nihilomimus videtur aliquo modo esse de perversitate susceptus. Ad sextum: An hi qui nomine aliorum agunt, sunt Judaeorum primores? et in quo fundamento agunt pro aliis? Isti qui hucusque agunt, utpote Jechuda Ben Nossen de Nadworna, Salomon Ben Elias de Rohatyn, sunt Judaei ex vulgo, neque substantiis neque scientia inter Judaeos clari. Hi tamen Rabbinos scientificos et Judaeos de civitatibus principalioribus ex Hungaria, Valachia, Turcia conducturos se promittunt pro die disputationi assignata 16. Julii Leopolim, et ista eorum promissio est totum fundamentum, in quo agunt. Cum hac itaque fideli mea relatione sterno me ad pedes Illmae et Rmae Excellentiae Vestrae, Ipsius me protectioni ac favoribus commendo, ac maneo semper

Illmae et Rmae Excellentiae Vestrae

Die 20. Junii 1759 Leopoli.

Humillimus obsequentissimus servus

ST. MIKULSKI,

Can. Cathedralis Ad. Gen. Leopol. mpp.

XXXIII

Aus den Schriften Jacob Emden's.

VI.

Gebet der Sabbatianer und Frankisten.

יהי רצון מלפניך שתצליחנו בתורתך הדבקנו בטעותך וטהר רעיוני לעבדך באמת
ובידאה סחך אהבה וכלבב שלם ותחזיק אמנתך בלבנו ושיהיו כל מעשינו ב ח ו ר ה
דאצילות רק לשמך הגדול ס"ס*) להכיר גדולתך שאתה הוא אלהים אמת וטלך עולם
משיחנו דוד שהייה בחכל דנשמי ובטלח תורה דבריאה ועלית לסקופת להסיע לכל
העולמות ובלעדיך לא יש אל אחר לא לעילא ולא לתתא … ואל חביאגי לא לידי נסין
ולא לידי בזון. לפיכך אגחגו כורעים ומשתחדים … ומהללים אח שם האל המלך הגדול
העבור והגרא קדוש הוא … אנה הוא אלהוא שבתי צבי בידך אפקיד רוחי נפש ונשמתי
ס"ס**) …..

(Aus Emdens ספר שמט p. 7 a.)

VII.

Brief aus Petersburg d. d. 1766 mit der Anzeige, dass drei Frankisten sich nach Moskau begeben haben, um der russischen Geistlichkeit die Illusion beizubringen, als wollte Frank für die griechisch-katholische Confession Propaganda machen und um dessentwillen von den Römisch-Katholischen verfolgt werde.

פה פיטרשבורג יום אסרו חג של פסח תקמ"ח ל.

לגאן עולם וכו' . . . . כמדוד"ר יעקב הנקרא בשם ישראל (עמדן) נר"ו . . . .

כבד אלהים הסתר דבר . . . . . . וכך היה המעשה בחדש טבת העבר באו לעיר
הגדולה מאשקא הבירה שלשה אנשים נצים נצבים בני בליעל ובני בלי שם מאש־
נשחדרו במדינת פולין לפני איזה שנים מן כת ש"ץ ימ"ש בראשם השערוריה
אשר נתרוה במלין ע"י עם מאשקאויטר אשר באו לשם להשטח את המחלוקת והכלית
המלחמה שלם לעשות כאשר דוחה באסנה. והשרים המתנגרים לרצון הקיס־יה יר"ה
לקחו וילכו שבי. תעש גם רטה בערטה הרשעים הללו האמללים ובא לעיר המלוכה

---

*) סניור סנטו = ס"ס, span. Señor Santo „heiliger Herr."

**) Es folgen einige schwer verständliche spanische, wahrscheinlich auch türkische Wörter. Daraus ist eben zu entnehmen, dass dieses Gebet im Kreise der spanisch redenden Sabbatianer in Salonichi entstanden ist, und dass es Frank aus der Türkei nach Polen gebracht hat, da es bei den podolischen Sabbatianern oder Frankisten gefunden wurde.

וארשא לש״ר חזל עם הסאשקוויט״ בחשבב כי בפלטוס של יוהנס גזרו על עטרת קלוח וקלי קלוח וכבאו לחכום״ הבישוף יוהי ארכי״דריט*) הממנה להזרח על אסחתו האמרו כי הראש שלהם הוא יעקב פרענק היושב במנבר בקלדרכסר טשענ״צאוח**) רשות נתנה לו להתמיד על ספרי מקובלים הוא העסיק והעלה כי אמונת יוני היא האמיתית והמיב אך ישוב יהפך להתהפך לדת יה באופן שיוצאו מן המסנר את זה הראש אשר הוא שרש מדה ראש. ושמחו בחרשיהם השרים ובחלקלקות שפתחיהם גנבו את לבבם לפי חומב נתנו להם אגרות רעקאמאנדאצין כחבי מליצה להכומרים לכהניהם ולשרים למאשקא הבירה היה כל כך במהשך מעשהם ובכד עד כי לא הרגישו בהם מן הפלן לפנים ובאו אל העיר במוח בחך הבאים בהחבא לבית טטר אחד ואגרת מסרו לו מאשר הביאו להתאכסן בעיריו וכן שאר אגרות הדת אשר היה בידב סמרו. ועם הספר אסרו כי יותר מן עשרים אלף מן כת שלהב רצונם לקבל עליהם דת יוהי דרך סיפורם היה כי הוא הרשע יאקב פרענק בבאו מארצות ישמעאלים הרה משעיר למו למדינת פלין דרש דרש לפניו עם אמהת הנוצרים להיוח נוצרי חוקן של דת יה תן הוא האמחי בין דחות ובגלל הדבר הזה נחנוהו ממנדול נוצרים אל עיר מבצר. ועחה מכל אשר חמו לעשח לא יבצר ומאד הגדילו הסדורה בשפחייב דולקח בהחלהבות לבבח מאשר העמיקו שחתו בשיחחם אלו האורים. והש״י ב״ה הקדים ברוך לאורו היה סיבה מאת ה'... בכל אלה באה השמועה לאבי מהר ברוך מארץ יון והדברים עתיקים והנה הוא ברוך סכל העמים נודע בין השרים עומד על משמרתו כידוע. ויהי כשמעו את הדבר הזה הקדים על ידיהם לשבר מלחעות טפריו וגו'... וקב הלך וספד. את הדבר לשרי פולין הנמצאים פה המה ששה. האחד היושב חסיד אדן רעזידענט מן המלך המדינה יר״ה וארבעה ראשים שרים פרחמים המשלחים מן שרי הקתפעדערראצין שנים מרם מן פולין ושנים ממדינת ליטא. והאחד רמשלח לכאן מן חדש אמנה ש״י תדול וטלומד חכם באחמח. ולכל הששה שרים לכל אחד בפני עצמו החזיל לצוח וגם שאל ישאל השאלל המסקלל הממעה מדרכי היים להדכי מוח וזה — הפרענק. לשדים ראש לחלק את השרים לחת חרב להתריב? הרכה לדבר לומר. והשרים בהבהלם כשמע ממט את הדבר הרע הזה גם אמר לפניהם: מה חנעלו? זה שפל אנשים בידכם הוא לחתך ראש בסייף ודיה ממא רע מוסגר ומחלטו לדהו כדין מסוח ומסיח תערחם את הרע. וענו כלם ואמרו טוב הדבר וברך טעמך. ויקטו השרים ויכחבו למדינתם הרצים יצאו דחופים ומבהלים והדת נחנה ואחר אשר העיר את לב שרי פולין קם להקדים על ידיהם לפני שרים הראשנתם היושכים וגם להפר מחשבח ערומים הערוסים... זה אמנם ברוך הוא אשר לו אשר בין העומדים על הפקידים לרטום בחצרותיהה היכר גם לממרחידם וישמחו לקראח באו להדרו באסרם ברוך הבא לו לב לעמוד בהיכל מלך ושרים וקרא בקול רעש גדול ויאמר שמעתי השרים הלא להחרדת הארץ לפניכם וממשלחכם בחכמה

---

*) Leg. ארכימנדריט = Archimandrit.
**) Leg. טשענטטאכוו = Czenstochow.

XXXV

בתבונה ובדעת לכם לדעת כי אלה האנשים מתחכמים בשקר מתסתרים בכחש כל דבריהם שוא ושקר. היתכן היתאמת בדבריהם? כי הלא זה אמונה חמישית אשר מתהפכים ראשונה יהדות. ואח״כ אמונת שבתי צבי צריך שיח לקבל אמונת ישמעאלית תחלה ושלישית אמונת ש״ץ. וברביעית אשר הכריתו אותם לקבל אמונת נוצרי' ועתה למען יכרת איש מהר עש״ו מקט״ל. זוה חמישית מתהפכים לדת יוני. אנשים כמו אלה אבדה האמונה ונכרחה מפיהם אם כה עשו בקאסיניץ פאדאלסק שנגנבו ל: הבישוף באמרם כי מאמינים השלוש ואהני לו שטותייהו. ועתה לשטותייהו אלו. ואם כי אחר כך נתגלה שמה שקרם ופוחזותם ונתפס על מריו זה הפרענק וכל סטעדיו ועוזריו בתרי ריקם אשר עמו. ועתה הלא לתרפה יהיה אם והמה בערמה היו סטעים להיות חכמים שבעולם. ושקר אומרים שנתפס זה הפרענק המתועב המשוקץ בקלויסטער על דבר אמתה אדרבה אין אמתה בו כי אם על מעשיו הרעים הרבים המקולקלים ואש-- עשה עצמו אלהי יחיד והתיר את הנשואות. וסיפר את כל הנעשה גם ענין ש״ץ אש-- לא שמעו אח שמעו כנים סיפר לפניהם כי הן הם הפורצים גדרו של עולם..... ומה שהם אומרים שרצונם לבוא לחסות תחת כנפינו לקבע דירה בארץ הזאת להיות לעם אחד, לא תתנו להם חנייה בקרקע הסמוכה לארץ ישמעאל והיה כי תקראנה מלחמה תוסף גם המה. ויותר מזו בבל ארץ אחתכם לא יהיו כי דעו כי המה יחטיאו את יושבי הארץ... כי המה דלים עניים ואביונים ויהיו עליכם אך למשא: כה עשה בבל התערוות הלך להתגלות בהחייתו לבלבל לבטל מחשבותיהם לקלקל. וממש הניח חפציו תעסק בחפצי שמים. תעד לקח עמו מהר״ר ברך הנ״ל. איש אחד מוחר שבאהר"ו הנמצא כאן סדר ביום מספחת שפאיי"ר מנח אשכנו מילדי ק"ק מאהילוב על ספר מאשקוויטר מדינה הסכיר לשון יוון וחכמת יותיח לו התירו לספר פני שהוא קרוב למלכות ואצל כל השרים לו דרישת הרגל תעם כל מתי סד מורגל וכל אחד מהם לא הניח זווית שלא נתחבט לחזרה להקדיח על ידיהם להשמיט וזן השמיט עמדם להסכים ח"ל גם השליחו בעזרת השי״ת ב"ה. והרשעים שלשתן האלה גורדו בפתי נפש ואלו נדללו במספר ירוסם שני חדשים לבקרי״ה להכרית מעיר כל פועלי און. והי כראחם כי לא נעשתה עצתם ויתנו לב לשוב כאשר באו כן ילכו. ותען היות המדינה הזאת מוגרת ומסתרת אין יוצא ואין בא מבבל פא"מ בקשו שינתן להם חירות לצאת מן המדינה ואנגו ראיתי אחד מהם אשר אסור להסתכל בפניו. בעת בא לבקש פאם בבית שר אחד. ואעפ"כ לחקידהו שאלחיו. מי הוא. השיב בי הוא נקרא מעח כשנשחסר לוקש הוא ממשפחת פינילים מלבוב. ושבו לארצם בבושת הפנים בחרש אדר: ואח"י הודיעו את כל אלה וכו וכו׳........ הנמצא ומתגורר בבית הר' ברוך הנ"ל... הק׳ יהודא ליב בהרבני מ׳ אברהם ספינטשוב.

(Aus Emden ספר התאבקה p. 149—151.)

Druckfehler.

Seite 7, Zeile 15 v. u. liess rigueur statt rigeur.
Seite 23, Zeile 5 v. o. liess machten statt mochten.